Ces mots qui nous manipulent

Du même auteur

La bosse des maths est-elle une maladie mentale ? Éditions La découverte, 1984.

Comment apprivoiser son ordinateur sans le traumatiser - Éditions La découverte, 1995.

J'te raconte pas... (Les mots ont-ils encore un sens ?) - Éditions Balland, 2003.

Et si Marx avait raison ? Éditions L'Harmattan, 2010.

C'est prouvé scientifiquement - Éditions BoD, 2017

Site internet de l'auteur :

https://www.mwolf-sciences.fr

Marco Wolf

Ces mots qui nous manipulent

Edition : BoD - Books on Demand
12/14 rond-point des Champs Elysées, 75008 Paris
Imprimé par BoD – Books on Demand, Norderstedt
ISBN 978-2-322-09159-1
Dépôt légal : Décembre 2018

Sommaire

1.   J'ai le complexe de la manipulation, mais ça ne prouve pas que personne ne me manipule

Je sais ce que vous allez penser en lisant le titre de ce livre : encore un qui voit de la manipulation partout ! Encore un de ces adeptes de la théorie du complot, qui croit dur comme fer que la Terre est plate, que Barack Obama est un reptilien et que la Révolution française était une conspiration ourdie par les Francs-Maçons et la secte des Illuminati. Sans compter que derrière tout ça, il y a les Juifs évidemment.

Je m'empresse donc de mettre les choses au point : il y a effectivement des Juifs qui complotent contre moi. Ils font même partie de ma famille. Mais je m'en occupe.

Cela dit, rejeter la théorie du complot n'épuise pas le sujet pour autant. Jules César, à en croire les historiens, est mort assassiné, et dans son cas la thèse du complot ne peut être écartée. À sa suite, nombre d'empereurs romains ont voulu l'imiter, après avoir eux-mêmes trucidé leurs prédécesseurs. Chez nous, en Gaule, mais beaucoup plus tard, le bon roi Henri IV a été poignardé par un dénommé Ravaillac. D'autres souverains de France et de Navarre, et même d'autres royaumes, ont connu ce genre de désagrément – et à chaque fois voilà la théorie du complot qui revient sur le tapis.

Pour éviter aux rois d'être assassinés, on a fini par instaurer la République dans un certain nombre de pays, mais la solution n'a fait que repousser le problème. Le président américain Abraham Lincoln est tombé sous les balles d'un sudiste en 1865, cinq jours après la fin de la Guerre de sécession. John F. Kennedy a subi le même sort en 1963 à Dallas, dans un univers impitoyable. L'année précédente, en France cette fois-ci, De Gaulle échappait de justesse à un attentat, après avoir déjà failli être renversé par un quarteron de généraux qui voulaient garder l'Algérie française. Un autre quarteron de généraux a comploté contre la République espagnole en 1936, avec les conséquences que l'on sait.

Ce qui vaut pour la théorie du complot s'applique pareillement au complexe de la manipulation, une forme de paranoïa assez répandue ces derniers temps. « On nous manipule », dénoncent les victimes de cette persécution, sans jamais préciser qui se cache derrière ce « on ». Ils n'ont pas complètement tort malgré tout, et il arrive même qu'on puisse mettre un nom sur le coupable, comme dans le scandale Cambridge Analytica, cette entreprise proche de Donald Trump qui a siphonné les données de 87 millions d'utilisateurs de Facebook pour influencer le vote des électeurs américains en novembre 2016.

Donc, la manipulation existe, je l'ai rencontrée – et vous aussi.

Elle ne prend même pas toujours la peine de se cacher. Le III° Reich avait ainsi son ministre de la propagande, Goebbels, connu pour sa manie de sortir son revolver quand il entendait parler de culture. Grâce à ce revolver, il a fait croire à des millions d'Allemands qu'Adolf Hitler était un grand blond aux yeux bleus (et intelligent de surcroit). À la même époque et par des méthodes similaires, Staline a manipulé des millions de Soviétiques pour les convaincre qu'il était « le petit père des peuples » (ce que les analyses ADN ont démenti par la suite).

En France, il n'y a jamais eu de ministère de la propagande, tout juste un bureau de la censure pendant les deux guerres mondiales. Pour éviter la censure, durant ces périodes, la presse remplissait son devoir d'information en recopiant consciencieusement les communiqués d'état-major. À partir de juin 1940, ce ne fut plus le même état-major, certes. Mais la presse française n'en a pas moins continué à remplir son devoir d'information, toujours aussi consciencieusement.

Plus près de nous, en 2002-2003, les médias du monde entier nous ont abondamment informés, « preuves » à l'appui, des armes de destruction massive que Saddam Hussein avait en sa possession. Ces mêmes médias, par la suite, affirmèrent tous, la main sur le cœur, qu'eux-mêmes avaient été manipulés ; ils s'étaient donc contentés de répercuter cette manipulation, en toute bonne foi et sans rien y ajouter, ils n'avaient fait une fois de plus que leur métier, « dans des conditions souvent difficiles ». Et d'ailleurs, il a fallu que George W. Bush organise une expédition militaire contre le régime irakien pour qu'on puisse finalement vérifier que ces armes de destruction massive n'existaient pas.

Où trouver la meilleure manipulation aujourd'hui ?

Tout cela, c'est de l'histoire ancienne, venons-en à l'instant présent. À l'heure où les guides touristiques vous tuyautent sur la meilleure glace de Paris, ou la meilleure crêpe de Saint-Malo, vous brûlez surement de savoir où trouver la meilleure manipulation pour satisfaire vos besoins en ce domaine.

Tout dépend de la nature de ces besoins.

Il y a les inconditionnels d'Internet d'un côté, qui ne jurent que par les réseaux sociaux et vous certifient que nulle part la manipulation ne se porte mieux. D'un point de vue purement quantitatif, ils ont raison. Le volume de manipulation qui circule sur le Web a de quoi laisser admiratif. Le Web est le dernier salon où l'on manipule, le rendez-vous de tous les manipulomanes en état de manque.

Mais pour ce qui est de la qualité, c'est une autre affaire. Car que mange-t-on dans cette cantine ? Des *fake news*, des *fake news*, et encore des *fake news*. De la théorie du complot en veux-tu en voilà. Des histoires à jouer du piano debout. Des histoires, surtout, auxquelles croient ceux qui ont envie d'y croire. La Terre est plate, les attentats du 11 novembre 2001 n'ont jamais eu lieu, une femme accouche après quatorze mois de grossesse, des extraterrestres viennent enlever nos enfants pour les emmener sur Mars…

Si vous avez des goûts plus délicats, laissez tomber le Net. Écoutez tranquillement la radio en faisant votre cuisine, ou regardez le journal télévisé à l'heure du dîner. TF1, France 2, BFM TV, LCI, CNews, RTL, Europe 1, France Info, vous n'avez que l'embarras du choix. « Chacune a quelque chose pour plaire, chacune a son petit mérite », aurait dit Brassens[1].

Prenez France Info, par exemple. On y trouve un *brief* et un *débrief*, qui vous permettent de vous repérer dans le temps si vous n'avez pas de montre : vous savez tout de suite si on est le matin ou le soir. Le *brief* du matin distribue des bonnes et des mauvaises notes aux hommes et aux femmes politiques – mais vous en faites ce que vous voulez. Le *débrief* du soir vous dit *ce qu'il faut retenir* de la dernière réforme mise en chantier par le gouvernement – mais libre à vous d'en retenir autre chose, bien entendu.

Le brief du matin est suivi d'un *décryptage éco* à l'intention des nuls que nous sommes, nous qui ne comprenons rien aux questions économiques.

---

[1] Georges Brassens, *La guerre de 14-18.*

Ces mots qui nous manipulent

Toutes les radios ont leurs JGV (Journalistes à Grande Vitesse) qui suivent un entrainement spécial pour parvenir à caser leur flash d'information dans « le peu de temps qui nous est imparti » (et le peu de temps dont disposera l'auditeur pour réfléchir à ce qu'il entend). Ils sont passés maitres, également, dans l'art d'enchainer les sujets en supprimant la ponctuation inutile : « Affaire Lactalis de nouvelles plaintes ont été déposées à Pyeongchang une nouvelle médaille pour la France ».

Dans les journaux télévisés également, l'enchainement sans transition est devenu un sport (particulièrement prisé de certains présentateurs vedettes).

Sur les chaînes télé d'information en continu comme CNews ou BFM TV, l'actualité est une partie de ping-pong entre présentateur et présentatrice, avec en prime le bandeau qui défile et où les grands titres reviennent en boucle – ce que voient vos yeux n'ayant du coup aucun rapport avec ce qu'entendent vos oreilles.

Que ce soit à la radio ou à la télé, et toujours en raison du temps qui nous est imparti, les chiffres dont on nous bombarde sont toujours donnés brut de fonderie et suspendus dans le vide. Un déficit de 4 milliards, c'est un déficit de 4 milliards. Qu'il représente un pour cent ou vingt pour cent, quel intérêt pour le grand public ?

Les questions économiques sont d'ailleurs souvent sous-traitées à des intervenants extérieurs, les fameux *experts*. Ils répondent à toutes les questions en commençant par « Pour faire simple » et en terminant par « C'est mathématique ». Parfois, pour varier, ils commencent par « Pour faire court » et terminent par « Voilà l'équation ».

Experts ou pas, on n'est pas obligé de préciser de quelle couleur politique sont les intervenants, on ne le fait donc pas, surtout dans le peu de temps qui nous est imparti. Qui se soucie de la tendance du journal *L'opinion* lorsqu'il est l'invité de France Info le matin à 8 h 30 ?

Cela dit, comme nous n'avons pas de ministère de la propagande, la plupart des radios et des chaînes de télévision prennent soin de leur neutralité apparente. Leurs journalistes se la jouent volontiers « rebelles », avec un art consommé de l'impertinence sur la forme pour mieux faire passer un message conformiste sur le fond.

Le fin du fin : la manipulation linguistique

Mais il est une autre source à laquelle notre soif de manipulation peut s'étancher : le vocabulaire dans lequel nous baignons.

Les mots ne sont pas neutres. Ils conditionnent nos raisonnements, orientent nos pensées, nous transmettent les valeurs et les préjugés de la société dans laquelle nous vivons.

Il en a toujours été ainsi, et la langue d'aujourd'hui a conservé des traces des préjugés d'hier. Un *gentil*, au Moyen Âge, c'était un noble (gentilhomme), et un *vilain*, un paysan. *Ignoble* signifiait tout simplement « non noble ». *Mesquin* vient de l'arabe *meskin*, « pauvre », et *populace* de l'italien *populaccio*, « bas peuple ».

Avec le passage au capitalisme, nous nous sommes habitués à des phrases telles que « le patron *donne* du travail à l'ouvrier », qui expriment à peu près le contraire de ce qui se passe en réalité : c'est l'ouvrier qui donne son travail. Ce que « donne » le patron, ce sont des *outils de travail*. Mais il nous faut un effort de réflexion pour retrouver le sens réel des relations dans notre société. Et ça ne s'est pas arrangé ces derniers temps, bien au contraire.

Ces mots qui nous manipulent

L'expression « coûts salariaux », que l'on entend du matin au soir dans les médias, nous enfonce dans le crâne que le salarié *coûte* à son employeur (sans rien lui rapporter). Le mot *employeur* lui-même semble avoir été inventé à la seule fin de présenter le patron comme un brave type qui ne vit que pour créer des emplois. Et *créer des emplois*, à son tour, est une de ces métaphores qu'on a fini par prendre pour argent comptant, comme si le fait d'embaucher un salarié *créait* quelque chose.

Ces quelques exemples constituent en quelque sorte le b-a-ba de la manipulation linguistique à laquelle nous sommes soumis. Mais on pourrait en dérouler une liste interminable, comme celle des conquêtes de Don Juan dans l'opéra de Mozart. Du *moteur de la consommation* aux *partenaires sociaux*, des *agents économiques* aux *investisseurs*, de l'*économie de marché* à la *société civile*, de l'*État de droit* à la *communauté internationale*, et des dizaines d'autres de la même farine – sans oublier les *premiers de cordée* qui viennent de se hisser jusqu'au sommet du tas : jamais encore on n'avait rassemblé un tel amoncellement de clichés, de lieux communs journalistiques, de non-sens et de contresens !

Cette manipulation linguistique, il n'y a pas que dans les médias qu'elle est à l'œuvre.

Un autre de ses vecteurs est le *monde de l'entreprise* (expression qui est elle-même un spécimen de manipulation lorsqu'elle est utilisée dans les chroniques économiques, où elle doit être interprétée comme « le monde des *dirigeants* d'entreprise »).

C'est à ce « monde de l'entreprise » que l'on doit des perles comme les *ressources humaines*, la *variable d'ajustement*, le *cœur de métier* et les *charges sociales*. C'est dans ce monde-là qu'on *solutionne* (au lieu de trouver bêtement une solution), qu'on est *proactif* mais *surbooké*, qu'on a une *deadline* mais qu'on doit envoyer son *reporting ASAP*.

C'est à lui encore que l'on doit la *communication*, le grand Machin de la fin du XX° siècle, pour lequel on a même créé des écoles spécialisées – car il faut des années d'étude pour devenir un communicant.

Toute entreprise de taille notable se doit aujourd'hui d'avoir sa *Direction de la Communication*, ou *DirCom* pour les intimes. Le rôle de cette DirCom est de remplir l'espace de vibrations sonores et la mémoire des ordinateurs de 0 et de 1. C'est également la DirCom qui a en charge la réclame, un terme tombé en désuétude depuis qu'on lui a préféré celui de publicité.

Comment se manipuler soi-même et pour pas cher

Mais comme notre époque est riche en inventions, elle a accouché d'une nouvelle forme de manipulation, à laquelle on n'avait pas encore pensé précédemment : la manipulation par soi-même.

Les adeptes de l'automanipulation prennent soin de toujours faire trois choses à la fois, comme réserver un billet d'avion sur leur ordinateur en même temps qu'ils envoient un SMS sur leur smartphone, tout en écoutant un rappeur sur leur iPad. Ce fonctionnement en mode multitâches leur permet de percevoir les échos du monde de façon assourdie et de suivre l'actualité sous une forme synthétique. Leur capacité d'absorber de la manipulation n'en sera que meilleure.

Beaucoup d'entre eux maudissent le *pays de merde* dans lequel ils vivent, et jurent à qui veut les entendre qu'ils iront s'installer *aux States* dès qu'ils le pourront. Mais ils le peuvent rarement.

Ils ont un riche vocabulaire, dont les mots qui reviennent le plus souvent sont *j'hallucine* et *voilà*.

Ils tiennent souvent un journal intime (que tout le monde peut consulter sur

Facebook), dont il ressort principalement qu'ils ont envie d'*être eux-mêmes*. Quand ils sont adolescents, ils disent aussi que leurs parents ne les aiment pas. Ceux, en revanche, qui sont devenus adultes ne s'en sont jamais rendu compte. Et le reste du monde non plus.

o   o   o

Après ce bref compte-rendu sur *La manipulation, de la Préhistoire à nos jours*, les pages qui suivent vous permettront d'approfondir vos connaissances sur le sujet et d'améliorer votre pratique de cette discipline.

Trois invités « neutres » des émissions de radio et de télévision

L'Opinion est un quotidien français lancé en mai 2013 par Nicolas Beytout, ancien président des *Échos* et ancien directeur des rédactions du *Figaro*. Le journal assume une ligne clairement libérale, et se définit également comme pro-business et pro-européen. Le journal serait contrôlé par son fondateur Nicolas Beytout (24,4 %), avec comme actionnaires principaux Bernard Arnault (22,8 %), la famille Bettencourt (17,1 %) et Dow Jones and Company, maison mère du *Wall Street Journal* (7,6 %).

Le *Carrefour de l'horloge* – dénommé *Club de l'horloge* de 1974 à 2015 – est un cercle de pensée politique français fondé en 1974 notamment par Yvan Blot, Jean-Yves Le Gallou et Henry de Lesquen. Situé entre droite et extrême droite (il prône l'union avec l'ex Front national rebaptisé Rassemblement national), il se réclame du national-libéralisme et des principes républicains. À travers l'organisation de colloques et la publication d'ouvrages, il intervient dans le débat d'idées en mettant en avant la liberté économique, la souveraineté du peuple et l'identité de la nation.

L'*Institut Montaigne*, créé en 2000 par Claude Bébéar, est un groupe de réflexion français, qui se présente avec l'objectif de concilier les enjeux de compétitivité et de cohésion sociale. Basé à Paris, il regroupe des cadres d'entreprises, des hauts-fonctionnaires, des universitaires et des représentants de la société civile. Son expertise porte sur les enjeux de long terme, notamment en matière de politiques publiques, auxquels la France et l'Europe sont confrontées. Il est d'orientation libérale.

(Extraits de *Wikipédia*)

Fake news et théorie du complot

Il est de bon ton, aujourd'hui, d'opposer les fausses nouvelles qui pullulent sur Internet à l'information sérieuse et objective des médias traditionnels.

C'est aller un peu vite en besogne, car la désinformation et le bidonnage ne se portent pas si mal à la télé, à la radio et dans la presse écrite. L'affaire des armes de destruction massive de Saddam Hussein en est l'exemple le plus célèbre, mais il y en eut bien d'autres, dont *Wikipédia* donne une longue liste (pas forcément exhaustive) sous le titre *Scandales journalistiques*.

En France, on a surtout retenu la fausse interview de Fidel Castro par Patrick Poivre D'Arvor, en décembre 1991. Mais plus près de nous, en février 2015, la radio française reprenait une information de l'AFP annonçant la mort de Martin Bouygues… que le défunt a dû démentir. En 2016, les médias rapportaient cinq intrusions d'avions militaires russes à plus de cent kilomètres des côtes françaises – alors que l'espace aérien d'un État s'arrête à vingt kilomètres des côtes.

Dans l'ensemble des médias occidentaux, en mars 2008, toujours d'après *Wikipédia*, « des images de répression au Népal ou en Inde ont été présentées comme des images de répression en Chine, des témoignages ont été traduits dans le sens contraire et des photos recadrées pour cacher la réalité ».

En 2015, à la suite des attentats terroristes contre *Charlie Hebdo*, la chaîne américaine Fox News décrivait certains quartiers de Paris comme étant des « *no-go zones* », où régnerait la charia sous le contrôle d'islamistes radicaux et où l'accès par les non-musulmans et la police serait devenu impossible. (La chaîne a dû présenter ses excuses après avoir annoncé que ces informations étaient sans fondement.)

Tout récemment encore, en février 2018, divers journaux français parmi lesquels *Le Figaro*, *L'express* ou *20 minutes*, annonçaient la découverte au Guatemala d'une ancienne cité maya de 10 millions d'habitants s'étendant sur 2000 km^2. Les 10 millions représentent en fait la totalité de la population maya d'autrefois, et les 2000 km^2 la superficie couverte par un projet de recherche archéologique récent. Quant à la prétendue cité, elle provient d'une erreur de traduction sur le site français de *National Geographic*. Parler de manipulation sur un tel sujet serait excessif il est vrai, on a là un simple exemple, hélas banal, du sérieux et du professionnalisme qui règnent aujourd'hui dans le milieu du journalisme.

Quant à la théorie du complot, elle provoque à juste titre un haussement d'épaules aujourd'hui chez toute personne sensée. Il est seulement dommage que si peu de lecteurs l'aient reconnue dans l'un des plus grands succès de librairie de ces dernières années : le *Da Vinci code* de Dan Brown.

2. La grogne des ressources humaines

Il est une expression qui incarne tout le respect des médias envers les gens du peuple : la *grogne sociale*. Elle peut se décliner en *grogne des gardiens de prison, grogne des agriculteurs, grogne des conducteurs de taxi*, et bien d'autres variantes en fonction de l'actualité. On parlera en revanche de l'*inquiétude* des journalistes et du *mécontentement* des milieux patronaux.

Ces milieux patronaux sont eux-mêmes très pointilleux dans le choix de leur vocabulaire. Leurs salariés sont ainsi devenus des *ressources humaines*, expression qui n'a rien de péjoratif contrairement à ce qu'on croit, et qui insiste au contraire sur le fait que ces ressources sont des humains malgré tout (alors que rien ne l'indiquait au départ).

Il est vrai qu'aujourd'hui ces ressources humaines sont souvent considérées comme une *variable d'ajustement*. Mais ces mots ne sont jamais prononcés devant les intéressés, preuve de la considération dont ils font l'objet. Et puis quoi, il faut bien qu'on nous ajuste, non ? Vous vous rendez-compte sinon, la pagaille que ce serait ?

Il faut bien qu'on nous le signale, de même, lorsque nous vivons *au-dessus de nos moyens* – ce qui est le cas de toute la France à l'exception des premiers de la classe : Bernard Arnault, Françoise Bettencourt Meyers, Gérard Mulliez, Vincent Bolloré et quelques autres.

Ces bons élèves mis à part, notre pays donne aujourd'hui un triste spectacle.

Il y a d'abord ces odieux *privilèges* qu'on ne parvient pas à supprimer, comme les voyages gratuits pour les cheminots, l'électricité pour les agents d'EDF, la garantie de l'emploi des fonctionnaires, et ne parlons pas des profs qui sont toujours en vacances.

Il y a cette *crispation sur les avantages acquis*, une maladie typiquement française parait-il. Et qui ne touche que les salariés, notez bien : les actionnaires, les patrons de grands groupes, les grandes fortunes ne se crispent que sur les dégrèvements fiscaux, allègements de charges sociales, subventions diverses et variées, qui n'ont rien que de parfaitement justifié.

Ces mots qui nous manipulent

Il y a ce *conservatisme*, mot qui caractérisait autrefois l'état d'esprit d'une certaine bourgeoisie, ennemie de toute évolution des mœurs et de la société. Mais les temps ont changé, et le conservatisme version 2018, on le connait bien : c'est celui des salariés et de leurs organisations syndicales. Car ces gens-là ne pensent vraiment qu'à *conserver* leurs acquis sociaux (alors que les bourgeois, eux, ne tiennent pas à conserver leurs capitaux, mais à les accroitre).

Il y a ces *rigidités*, cet *immobilisme* même de tous ces ouvriers et employés, qui ne veulent pas comprendre qu'on ne gère pas une entreprise aujourd'hui comme on la gérait hier.

Il y a cet *absentéisme*, dont les députés débattent régulièrement à l'Assemblée (dans un hémicycle aux trois-quarts vide il est vrai, mais c'est que les absents sont dans leur circonscription, auprès de leurs électeurs bien sûr).

Il y a ces *archaïsmes* enfin – non, pas l'Académie française, ni la Légion d'honneur, ni le défilé militaire du 14 juillet. Ni la reine d'Angleterre non plus, ni le président des États-Unis qui prête serment sur la Bible. Non, les vrais archaïsmes de chez nous, vous savez bien. Comme le système actuel des retraites, les 35 heures, l'existence d'un salaire minimum, ou même les contrats à durée indéterminée – tout cela *à l'heure de la mondialisation* !

De ce tableau, il n'y a déjà pas de quoi être fier. Mais il y a pire encore. On s'est habitué à l'*assistanat* dans ce pays. Il est temps d'y *réhabiliter le travail*.

Car il y a tous ceux qu'on paie à ne rien faire. Ces *bénéficiaires* du RSA ; ces gens qui vivent grassement d'allocations diverses au lieu de chercher du boulot.

Alors que les *emplois non pourvus* se comptent par centaines de milliers. Il parait même qu'il suffit de traverser la rue pour en trouver, au café d'en face.

C'est un habitué du café d'en face qui vous le dit.

Les emplois « non pourvus »

Ils seraient entre 200 000 et 330 000 fin décembre 2017 (330 000 selon les manifestants, 200 000 selon la police ?). Alors qu'il y a plus de 3 millions de chômeurs à plein temps en France. Moralité : vous voyez bien que les chômeurs ne se foulent pas vraiment pour trouver du boulot. Ou une partie d'entre eux en tout cas.

Or ces chiffres ne veulent rien dire en eux-mêmes tant qu'on n'a pas précisé ce qu'ils représentent. Lorsqu'une offre d'emploi est publiée, elle est par définition *non pourvue*, et le reste un certain temps avant de trouver preneur. À tout instant, il y a ainsi un certain nombre d'offres qui n'ont pas *encore* trouvé preneur, et les chiffres qu'on nous jette à la tête n'ont de sens que si l'on nous dit *au bout de combien de temps* on considère qu'un emploi est non pourvu. Ce délai peut d'ailleurs varier d'une branche à l'autre, ainsi qu'en fonction de la qualification demandée.

Il s'en faut de beaucoup, par ailleurs, que toutes les prétendues offres d'emplois correspondent à des emplois réels. Les sociétés de service et d'ingénierie publient chaque semaine des annonces fictives, dans le seul but de recueillir des CV et de se constituer une réserve de candidats potentiels. Lorsqu'elles gagnent un contrat avec un de leurs clients, elles font passer pour cette prestation des entretiens d'embauche à quelques-uns de ces candidats. Mais il y a des semaines où elles ne gagnent pas de nouveaux contrats, où elles n'embauchent personne… et où les offres fictives qu'elles ont publiées finissent par être classées comme emplois non pourvus.

Quant aux emplois réellement non pourvus, ils ne trouvent pas preneur *aux conditions imposées* (CDD de courte durée par exemple) *et pour le salaire proposé*. Ils finissent quand même par être pourvus un jour ou l'autre, à de meilleures conditions et pour un meilleur salaire. Ce ne sont là que les lois du marché, dont on nous vante tant les mérites par ailleurs…

Les mots qui nous manipulent

Privilèges : la Révolution française a aboli les privilèges des nobles et du clergé sous l'Ancien Régime. Au sens étymologique, un privilège (du latin *privilegium* « loi privée ») est un droit réservé à une personne particulière, ou à une petite minorité. Dans la société bourgeoise, le droit est le même pour tous, officiellement du moins. La richesse n'est pas un privilège, chacun étant libre d'y accéder. En revanche, les avantages concédés à certaines catégories de salariés (voyages gratuits, garantie de l'emploi, conditions de retraite plus favorables) sont systématiquement dénoncés comme des privilèges par une partie des médias et des hommes politiques. Haro sur le fonctionnaire, le cheminot, l'agent EDF… et paix aux milliardaires !

Avantages acquis : cette expression peut désigner des avantages individuels par rapport aux autres salariés de l'entreprise ; ou des avantages de l'accord d'entreprise par rapport à la convention collective ; ou des avantages de la convention collective par rapport au code du travail. Mais toujours des avantages acquis par des salariés. Pour des actionnaires ou des chefs d'entreprise, le vocabulaire n'est pas le même, il faut dire « réduction des charges » ou « allègement de la fiscalité ».

Bénéficiaire du RSA : le RSA étant sans doute un de ces fameux avantages acquis, celui qui le touche en est donc le bénéficiaire,

« Personne qui bénéficie d'un avantage » selon le *Petit Robert*. Les journalistes peuvent donc se retrancher derrière le dictionnaire lorsqu'ils utilisent cette expression dont ils savent parfaitement qu'elle stigmatise les chômeurs ou les salariés percevant le RSA comme complément de ressource.

Assistanat : un mot abject visant à rejeter la responsabilité du chômage sur les chômeurs eux-mêmes. Les multinationales qui délocalisent ? Les patrons qui licencient ? Ils n'y sont pour rien, ce sont les lois de l'économie. Les gens qui vivent d'allocations, en revanche, sont des assistés qui se complaisent dans cette situation…

Réhabiliter le travail : jamais le travail n'a été autant méprisé que par les gens qui se targuent de le réhabiliter. Ces gens-là considèrent les salariés eux-mêmes comme des sortes d'assistés : des sous-doués qui n'ont même pas été capables de créer leur propre entreprise ! Lorsqu'on nous parle de réhabiliter le travail, il faut traduire : contraindre les chômeurs à accepter n'importe quel emploi, à n'importe quelles conditions et pour n'importe quel salaire.

Ressources humaines : un anglicisme (*Human ressources*), que l'on retrouve d'ailleurs aujourd'hui dans toutes les langues. Il a évincé « Direction du Personnel ». Le personnel, c'était celui de l'entreprise. Mais l'entreprise a externalisé une partie de ses services (entretien, nettoyage, gardiennage), et même dans ce qui constitue son « cœur de métier » elle fonctionne maintenant en partie avec du personnel extérieur, prestataires et intérimaires. C'est ce que traduit le passage à la DRH, Direction des Ressources Humaines. Il n'empêche, se voir considérer comme une simple « ressource » a choqué de nombreux salariés au début. Mais on s'habitue à tout…

Variable d'ajustement : on ne s'est pas encore habitué, en revanche, à n'être qu'une simple variable statistique. C'est pourtant bien ainsi que les directeurs et autres chefs de service considèrent les intérimaires, les prestataires, les consultants extérieurs : on peut s'en séparer du jour au lendemain, c'est tout leur intérêt. Cela dit, en cas de délocalisation ou de réduction des effectifs, le personnel de l'entreprise n'est finalement lui aussi qu'une variable d'ajustement… un peu moins facile à ajuster, voilà tout.

Rigidités : tout ce qui met un cadre légal (mais facilement contournable) à l'emploi de salariés : salaire minimum, durée légale du travail, règles d'hygiène et de sécurité… et finalement tout le code du travail. Le patronat n'aura de cesse que tout cela soit éliminé et qu'il puisse exploiter la main d'œuvre « en toute souplesse ».

Archaïsmes : tout ce qui ne va pas dans le sens de l'ultra-libéralisme économique. Dans ce sens, le mot est toujours utilisé au pluriel, « les archaïsmes » (comme « les rigidités » d'ailleurs), pour mieux souligner qu'il s'agit d'une maladie de la société française. Allez-y, faites-nous honte !

Conservatisme : encore un terme pour nous culpabiliser, pour présenter les travailleurs et leurs organisations syndicales comme des adversaires du progrès – alors que le progrès en question consiste à revenir à la condition salariale du XIX° siècle.

Immobilisme : toujours le même conservatisme, mais poussé à son comble : l'opposition catégorique aux réformes dont la France a tant besoin. Ou dont le MEDEF a tant le désir.

Vivre au-dessus de ses moyens : ce à quoi la pub nous incite du matin au soir, pendant qu'on nous fait la leçon sur le sujet. Leçon de morale qui ne sert qu'à justifier la baisse de nos revenus et le recul de nos conditions de vie. Mais c'est l'insuffisance de nos *moyens*, précisément, qui contraint la majeure partie d'entre nous à « vivre au-dessus » – en s'endettant. Or c'est toute l'économie capitaliste qui repose sur cet endettement. Sans lui, pratiquement aucun appartement ou aucune maison ne se vendrait, et 90 % des voitures neuves iraient directement à la casse.

Sur le blog de l'automanipulé

Il parait qu'il y aurait 300 000 emplois non pourvus dans ce pays de merde. À moins que ce ne soit 3 millions. Ou 30 000, qu'est-ce que j'en sais moi ? J'ai vu ça quelque part sur le Net. Ou alors je l'ai entendu à la radio.

300 000 emplois non pourvus, j'hallucine. Alors qu'il y a 3 millions de branleurs à plein temps. Et on les encourage ! On les paie pour ça. Le contraire de ce qu'il faudrait !

Comme le dit une sage maxime : « Donne un poisson à un homme et tu calmeras sa faim ; apprend-lui à pêcher et tu lui sauveras la vie ». Ça aussi, je l'ai lu sur le Net. Bon, d'accord, je n'ai jamais pêché moi-même, mais ce n'est pas une raison. On n'a qu'à supprimer les allocations de chômage, et vous verrez les soi-disant chômeurs se trouver tous une canne à pêche.

En tout cas, il faut arrêter de se plaindre à tout bout de champ, d'accuser la société, le patronat, et Dieu sait qui encore. Il faut positiver, voilà.

Parce que les gens qui ont des problèmes, c'est rien que dans leur tête que ça se passe.

3. Le charme discret de la classe moyenne supérieure

Les classes sociales n'existent plus, c'est une notion dépassée. Depuis le temps, vous devriez tout de même le savoir.

Sauf la *classe moyenne*. Celle-là n'est pas une classe sociale au sens de Marx, on respire ! Pas même une Catégorie Socio-Professionnelle au sens de l'INSEE. Tout juste une tranche statistique.

Et nous faisons TOUS partie de cette classe moyenne. Enfin, presque tous. Que ceux qui n'en font pas partie lèvent le doigt !

Du moment que vous n'êtes ni dans les plus riches, ni dans *les plus démunis* (on ne dit plus « les plus pauvres »), vous appartenez nécessairement à ce qui se situe entre les deux, ça tombe sous le sens. Donc ? Donc vous voyez bien que vous êtes dans la classe moyenne. Que vous touchiez à la fin du mois 1 500 euros de salaire ou 30 000 euros de dividendes, que vous soyez le patron ou la secrétaire, l'avocat d'affaires ou la prestataire qui fait le ménage dans son bureau.

Bien sûr, on peut toujours affiner, comme le font les économistes, en distinguant une *classe moyenne supérieure* et une *classe moyenne inférieure*. On peut même intercaler entre les deux une classe moyenne moyenne, si l'on y tient. Mais ce sont là des points de détails, comme dirait l'autre. L'essentiel est que nous ayons conscience d'appartenir tous à une même classe moyenne.

En application de ce qui précède, on ne dit plus « un employé de banque », expression jugée dévalorisante de nos jours. On dit « un banquier ». On ne dit pas encore « un ministre » pour chaque employé d'un ministère, mais qui sait, on y viendra peut-être.

De même, au travail, les « ressources humaines » et autres « variables d'ajustement » se voient donner du « chers collaborateurs » dans les courriers que leur adresse leur hiérarchie. Ce qui a pu poser quelques problèmes au début, mais plus maintenant, ceux qui ont connu l'Occupation étant aujourd'hui tous décédés ou à la retraite.

Et ce n'est pas tout. Notre appartenance généralisée à la classe moyenne ne suffisant pas, il est une autre communauté qui nous rassemble.

L'être humain ne pouvant exister sans se nourrir, se vêtir, se loger et quelques autres futilités, il en résulte que nous sommes tous des *consommateurs*. Et, comme le disent si bien les chroniqueurs économiques, que réclame avant tout *le consommateur, c'est-à-dire vous et moi* ? Il réclame des prix plus bas. Lesquels ne peuvent être obtenus que par une réduction des *coûts salariaux*. Mais les salariés s'obstinent à ne pas vouloir le comprendre.

Le malheur est que les salariés sont eux-mêmes des consommateurs – et que pire encore, la majorité des consommateurs sont des salariés. Et que pour faire tourner le *moteur de la consommation*, il faut bien se résoudre à y mettre du carburant de temps en temps.

Mais du moment que les consommateurs – même salariés – restent sagement dans la classe moyenne, tout peut encore s'arranger.

Pour remplir leur devoir de consommateur, et donc pour optimiser leur capacité de consommation, tous ceux qui le peuvent optimisent ce que l'État leur soustrait sous forme d'impôts. Comme cette *optimisation fiscale* est une science complexe qui n'est pas à la portée du premier venu, elle se pratique principalement dans la classe moyenne très supérieure. Mais on raconte qu'elle est à la limite de la légalité, ce pourquoi elle est dénoncée régulièrement par les médias (ceux d'entre eux qui ne paient pas leurs impôts au Luxembourg en tout cas).

Un autre sport à l'honneur dans la classe moyenne++ est le *délit d'initié*, utilisation par un initié d'informations confidentielles dans le but de réaliser une plus-value. Ce qui se fait en permanence à vrai dire, et il le faut bien, car si tout le monde était au courant de tout, personne ne pourrait tromper personne et il n'y aurait plus de vie économique possible. Mais il y a des limites à ne pas dépasser, sinon où irait-on ?

Si le délit d'initié ne vous suffit pas, il y a encore l'*abus de biens sociaux*, autre figure de style poétique. On notera que les *biens sociaux* dont on abuse ne sont pas des bibliothèques publiques ni des Maisons du peuple : c'est de l'argent des actionnaires qu'il est ici question. Mais voler des actionnaires n'étant pas considéré comme un vrai vol (une opinion assez répandue), on se contentera donc d'un simple abus.

Telles sont les mœurs subtiles et raffinées de cette classe moyenne supérieurement supérieure, pépinière de *talents* et de *premiers de cordée*. Ce sont *les élites*, au pluriel – mais le terme peut se mettre au singulier à l'occasion. Ainsi, nous apprend France Info le 25 janvier 2018, « L'élite économique mondiale est attendue à Davos. »

Et le tout-venant du journalisme mondial se prosterne devant elle.

Des classes sociales qui n'en finissent pas de ne plus exister

Les gentils ouvriers contre les méchants patrons, c'est la caricature de la lutte des classes que l'on attribue à Marx pour mieux le discréditer. Une vision simpliste qui n'a jamais été la sienne. Pas plus qu'il n'a « élaboré » la notion de classe sociale : cette notion est aussi vieille que la civilisation, et les sociétés anciennes affichaient ouvertement leurs divisions entre hommes libres et esclaves, patriciens et plébéiens, seigneurs et serfs, nobles et roturiers, membres du clergé et laïcs, etc.

La société bourgeoise se distingue de celles qui l'ont précédée par le fait que les classes sociales n'y ont pas d'existence officielle : capitaliste ou salarié, ces mentions ne figurent sur aucune carte d'identité. Ces deux classes fondamentales d'aujourd'hui se définissent entièrement par leur fonction économique (ce qu'on ne peut pas dire des anciennes classes sociales dans les sociétés d'autrefois) : les uns fournissent les capitaux, les autres leur force de travail. De ce point de vue, la notion de « classe moyenne » est totalement creuse : elle ne joue aucun rôle dans la production des richesses.

Par ces temps où la grande mode est de mettre tous les mots au pluriel (*les* extrémismes, *les* populismes, *les* archaïsmes, *les* rigidités), il est curieux de noter ici le mouvement inverse : on parlait autrefois *des* classes moyennes, dans lesquelles on rangeait les paysans, les artisans, les petits commerçants, les professions libérales – autant de catégories définies par leurs activités économiques. *La* classe moyenne, elle, ne se définit que par son pouvoir d'achat : c'est une classe de purs consommateurs !

Une société où tout le monde consomme et où personne ne produit : c'est la fiction qu'on nous vend quand on nous raconte que la classe moyenne a désormais absorbé toutes les autres.

o   o   o

Non seulement les classes sociales n'ont plus d'existence officielle aujourd'hui, mais elles n'ont plus de frontières clairement délimitées. Rien n'interdit à un simple salarié de devenir patron, rien ne garantit un capitaliste contre une faillite totale qui le ramènerait au rang de prolétaire. Alors que sous l'Ancien régime, avant 1789, un noble même ruiné restait un noble, cependant qu'un riche bourgeois demeurait un roturier.

Qui plus est, les situations intermédiaires sont monnaie courante dans la société moderne. Une salariée peut être mariée à un petit commerçant ; un cadre d'une grande entreprise peut avoir une partie importante de ses revenus sous forme de participation aux bénéfices, tout en restant formellement un salarié.

La notion de classe sociale n'en est pas « dépassée » pour autant, elle est seulement plus complexe qu'elle ne l'était sous l'Ancien régime, au Moyen Âge ou sous l'Empire romain. Sans négliger non plus le fait qu'une classe sociale est composée d'individus, qui ne se ressemblent pas tous comme deux gouttes d'eau… et qui ne s'adorent pas forcément les uns les autres.

o   o   o

Mais si la notion de classe sociale n'est pas dépassée, n'est-ce pas le cas malgré tout en ce qui concerne la *classe ouvrière* ? Les salariés étaient majoritairement des ouvriers voici un siècle ; aujourd'hui, ce sont majoritairement des employés du tertiaire, des transports, de la distribution, ou encore des enseignants, des infirmières.

C'est vrai, l'emploi industriel a reculé dans les pays les plus développés… mais c'est en partie l'effet des délocalisations vers les pays en développement. Il n'y a presque plus d'industrie textile en France, mais il faut bien que nos vêtements soient fabriqués quelque part – au Vietnam ou au Bengladesh par exemple. À l'échelle mondiale, rien n'indique une diminution de la proportion d'ouvriers dans la population.

De toute façon, l'expression « classe ouvrière » ne doit pas être prise au sens littéral. Le terme correspondant en anglais est « working class », en allemand « Arbeiterklasse » : la classe travailleuse. Ce qui englobe toutes celles et tous ceux qui vendent leur force de travail – que ce soit dans un atelier, un bureau, un hôpital ou un entrepôt d'Amazon, devant une fraiseuse ou devant un écran d'ordinateur.

Il fut un temps où l'on assumait fièrement son appartenance à cette classe travailleuse. Aujourd'hui, on se la joue plus volontiers « classe moyenne », c'est plus valorisant. Mais ça n'ajoute pas un euro en bas de la fiche de paie ; et ça ne change rien au fait qu'aux yeux de son patron, le salarié n'est rien d'autre qu'une ressource humaine.

Les mots qui nous manipulent

Banquier : propriétaire d'une banque. Par extension : ancien patron d'une banque, qui a rétrogradé jusqu'au rang de simple employé, mais que l'on continue à nommer « banquier » pour ne pas le traumatiser.

Classe moyenne : la classe fourre-tout des ni-très-riches-ni-très-pauvres. Pour aider les salariés à ne pas se voir comme des salariés.

Consommateur : l'être humain dans ce qu'il a de plus destructeur. Pendant des millénaires, l'homme a produit pour se nourrir. Aujourd'hui, il consomme pour que le capitalisme puisse écouler sa production.

Le consommateur, c'est-à-dire vous et moi : cliché journalistique toujours bon à caser dans une rubrique économique. (Peut être remplacé par « le contribuable, c'est-à-dire vous et moi » en fonction du contexte.)

Moteur de la consommation : moteur d'une économie dans laquelle la production ne joue qu'un rôle secondaire. C'est la consommation qui crée la richesse (fiction que l'on enseigne aujourd'hui dans les écoles de commerce).

Coûts salariaux : expression particulièrement prisée des économistes. Les salariés ne sont pas des gens qui créent des richesses, ce sont des assistés qui coûtent cher aux entreprises.

Optimisation fiscale : euphémisme pour désigner le recours aux sociétés écran et aux paradis fiscaux.

Délit d'initié : utilisation par un dirigeant d'entreprise d'informations confidentielles, le plus souvent dans des manœuvres boursières se retournant contre l'entreprise elle-même.

Abus de biens sociaux : utilisation par un PDG des « fonds sociaux » de son entreprise (les actions) à des fins d'enrichissement personnel.

Talents : terme de flagornerie d'un homme politique à l'égard des milliardaires qui l'ont aidé dans sa carrière.

> **Premiers de cordée** : les mêmes milliardaires, à la tête de « cordées » de dizaines de milliers de salariés (les guides de haute montagne apprécieront).
>
> **Élites** : encore et toujours les mêmes, mais là c'est un journaliste qui leur passe la pommade.

Sur le blog de l'automanipulé

La lutte des classes, en voilà une belle connerie ! Comme s'il y avait encore des classes aujourd'hui ! J'hallucine.

Moi, par exemple, pour l'instant je travaille chez McDo. Mais c'est que provisoire. Un jour j'aurai ma propre boite, j'ai déjà tout prévu. Pas dans ce pays de merde, c'est sûr. Je compte bien m'installer aux States. Dès que j'aurai ramassé un peu de thunes chez McDo.

Chez McDo, j'ai déjà progressé d'ailleurs. Ils m'ont nommé chief manager, responsable de l'open. Dans l'immédiat, remarquez, ça ne change rien à mon boulot, sauf que je dois arriver avant les autres le matin. Pour faire l'open. Et tant que les autres ne sont pas là, c'est moi le chief manager. C'est pas mieux payé, mais ils m'ont dit que j'aurai une nouvelle promo, prochainement.

Et pour obtenir tout ça, est-ce que j'ai eu besoin de la lutte des classes, moi ? N'importe quoi, j'hallucine...

4. La société civile va-t-elle supplanter la classe politique si vile ?

Depuis que les classes sociales n'existent plus, le vide qu'elles ont laissé a été comblé par la *classe politique*, dont on entend beaucoup parler et jamais dire du bien. Dans la série américaine *House of cards*, par exemple, les politiciens sont cyniques, menteurs, magouilleurs, malhonnêtes, et ne reculent devant rien pour assurer leur carrière.

Contrairement aux avocats d'affaires, aux promoteurs immobiliers, aux marchands d'armes, aux magnats du pétrole, aux rois du béton, aux gourous de la finance. Tous ces modèles de probité et de désintéressement constituent la *société civile*, dont on entend partout chanter les louanges.

Et ça tombe bien, parce qu'en France, depuis l'élection d'Emmanuel Macron, c'est la société civile qui serait désormais au pouvoir.

Exit donc la classe politique, place aux *hommes de terrain*. Aux *femmes de terrain* tout autant, d'ailleurs, pour que le masculin ne l'emporte pas une fois de plus sur le féminin (et bien que l'expression « femmes de terrain » puisse être mal interprétée).

Dépassées, les vieilles *querelles idéologiques*, tout ce qu'on demande à un leader politique aujourd'hui, c'est d'être *charismatique*. C'est-à-dire, au sens propre, « touché par la grâce divine », cette dernière pouvant seule expliquer l'attraction que certains chefs exercent sur leurs partisans. Les idées politiques de ces dirigeants ? C'est secondaire. Puisqu'on vous dit qu'ils sont charismatiques !

Le *charisme* des politiciens a même son expression numérique depuis quelque temps : leur *cote de popularité*, information des plus essentielles. Elle permet à l'*opinion publique* d'être informée à tout instant sur ce qu'elle pense elle-même. Elle permet aux électeurs de baser leur choix sur des *stratégies électorales*, et non plus sur des programmes ou des idées. Sachant en outre qu'il y a deux sortes de candidats : les sérieux d'un côté, et de l'autre les *petits candidats*. On reconnaît ces derniers au fait que les médias ne donnent même pas leur cote de popularité.

De même, on distinguait autrefois la droite et la gauche, et à plus forte raison l'extrême-droite et l'extrême-gauche. Mais ces distinctions n'ont plus lieu d'être depuis que les conflits idéologiques se sont effacés derrière le *pragmatisme*. En conséquence de quoi le mot « extrémisme » est systématiquement mis au pluriel aujourd'hui : *les extrémismes*. D'autant que, c'est bien connu, les extrêmes se rejoignent. « Des extrémistes de tous bords », dénonçait ainsi le ministre de l'Intérieur après une manifestation des « gilets jaunes » sur les Champs-Élysées.

Le *populisme* aussi se retrouve de plus en plus au pluriel : *les populismes*, ce qui a le mérite de souligner que de gauche comme de droite, il n'y a rien de bon à attendre du peuple.

Finie aussi, la *politique politicienne*, on est *constructif* dorénavant, on sait reconnaître les mérites de ses adversaires, quand la situation l'exige et qu'il y a un emploi non pourvu de ministre. Les emplois non pourvus, c'est un de nos grands problèmes en France.

Tout cela, on dira que ça ne date pas d'hier et qu'on n'avait pas besoin de ministres issus de la société civile pour le voir. D'autant que la classe politique n'a pas disparu pour autant, elle garde même l'écrasante majorité dans le gouvernement français.

Mais après tout, la société civile n'a peut-être pas besoin d'être majoritaire pour exercer son influence ?

Peut-être même n'a-t-elle pas besoin du tout d'être au gouvernement pour que le vrai pouvoir soit entre ses mains…

Classe politique et société civile

Il n'y a en réalité pas de frontière entre le monde des affaires (rebaptisé ou non « société civile ») et la classe politique. La première puissance économique mondiale est aujourd'hui présidée par un milliardaire qui a fait fortune dans l'immobilier et la téléréalité. Un autre milliardaire, Berlusconi, a présidé le gouvernement italien à trois reprises, de 1994 à 1995, de 2001 à 2006 et de 2008 à 2011. La famille Bush, aux États-Unis, était propriétaire d'une compagnie pétrolière avant que George père et fils ne deviennent présidents, respectivement en 1989-1993 et 2001-2009.

En France, on n'a pas encore vu de président – ni même de ministre – milliardaire. Parmi les milliardaires, Serge Dassault (quatrième fortune de France à son décès en mai 2018) s'est contenté d'une carrière de sénateur et de maire à Corbeil-Essonnes. Et le patrimoine de nos ministres les plus riches se compte en millions, pas en milliards (7,5 millions d'euros pour Muriel Pénicaud, 7,2 pour Nicolas Hulot, d'après *Wikipédia*).

C'est que les grands bourgeois préfèrent malgré tout, pour la plupart, rester dans l'ombre et laisser des politiciens professionnels occuper le devant de la scène. Des politiciens avec lesquels ils savent se lier, dont ils peuvent favoriser la carrière – en évitant toutefois de mettre tous leurs œufs dans le même panier. On a vu ainsi Vincent Bolloré mettre son jet privé et son yacht personnel à la disposition de Sarkozy en 2007 (il obtiendra peu après des commandes publiques pour la SFP que son groupe venait de racheter) ... et soutenir Anne Hidalgo lors des élections municipales de 2014 (après avoir obtenu le marché d'Autolib' à Paris).

Les « représentants de la société civile » dans le gouvernement sont donc chez nous soit des patrons de second plan, comme Françoise Nyssen, propriétaire des éditions Actes Sud, ministre de la Culture dans le premier gouvernement Édouard Philippe ; soit le plus souvent des cadres dirigeants de grands groupes, comme la ministre du Travail Muriel Pénicaud, directrice adjointe de Dassault Systèmes en 2002-2008, DRH de Danone en 2008-2014, membre des Conseils d'administration d'Orange, de la SNCF et d'Aéroport de Paris.

Il n'y a rien de nouveau dans tout cela, contrairement à ce qu'on veut nous faire croire. Georges Pompidou, Premier ministre de De Gaulle de 1962 à 1968 avant d'être président de 1969 à 1974, avait été auparavant directeur de la banque Rothschild de 1954 à 1958. Martine Aubry, avant d'être ministre du Travail en 1991-1993, puis ministre de l'Emploi et de la Solidarité en 1997-2000, avait été directrice adjointe de Péchiney et collaboratrice de Jean Gandois, l'un des dirigeants du patronat.

En sens inverse, il n'est pas rare de voir d'anciens ministres « pantoufler » dans des Conseils d'administration, voire se retrouver à la tête d'une grande d'entreprise. On assiste même à de beaux allers-retours entre les affaires et la politique, à l'exemple de Thierry Breton, PDG de Thomson en 1997-2002, puis de France-Télécom en 2002-2005, ministre de l'Économie en 2005-2007, et aujourd'hui PDG du groupe informatique ATOS. Et qui ne se souvient de Bernard Tapie, ex patron d'Adidas et de l'Olympic de Marseille, ministre de la Ville dans le gouvernement Bérégovoy, député des Bouches-du-Rhône... pour revenir finalement aux affaires avec son groupe Bernard Tapie ?

Les mots qui nous manipulent

Classe politique : expression péjorative mettant l'accent sur les travers bien réels des politiciens tout en escamotant la **classe sociale** qui détient le véritable pouvoir dans le monde d'aujourd'hui.

Société civile : la classe sociale en question, présentée comme l'incarnation de toutes les vertus.

Pragmatisme : ce qu'on appelait autrefois l'opportunisme, devenu dorénavant la première des qualités.

Constructif : arriviste prêt à se rallier à un adversaire qu'il traitait de tous les noms pendant la campagne électorale.

Politique politicienne : politique ne prenant en compte que les calculs électoraux et la carrière des chefs. Accusation classique de chaque politicien à l'encontre de ses adversaires ou rivaux.

Charismatique : cliché journalistique désignant un leader politique auquel on veut faire de la pub sans en avoir l'air.

Cote de popularité : autre forme de publicité déguisée (y compris quand cette cote est en baisse).

Opinion publique : opinion que l'on manipule en l'« informant » de ce qu'elle est censée penser.

Extrémismes : au pluriel, pour aider les électeurs à les mettre tous dans un même sac.

Populisme : parce qu'on aime le peuple, à condition qu'il sache rester à sa place.

Sur le blog de l'automanipulé

Qu'est-ce que j'en ai à foutre de la politique ? Les politiciens, c'est tous des nases de toute façon. Des gens qui connaissent rien à la vraie vie.

La vraie vie, c'est sur Instagram que ça se passe aujourd'hui.

La politique, ça changera jamais rien à la société. Elle est très bien comme ça d'ailleurs, la société. Sauf dans ce pays de merde.

Au boulot, on n'en parle jamais, de politique. On n'a pas que ça à foutre déjà. En plus, la seule fois qu'on en a parlé, y'en a deux qui ont été virés. Normal. Moi aussi, quand j'aurai ma boite, ça sera pas pour qu'on y parle politique.

Mes parents, ils faisaient que ça, parler de politique. C'est pour ça qu'ils ne se sont jamais occupés de moi. Enfin, si. Mais ils ne m'ont jamais compris.

5. L'État de droit, pour ceux qui peuvent se le payer

Une autre vedette linguistique de ces derniers temps, c'est l'*État de droit*, dont les politiciens nous vantent les mérites à longueur d'année, et les journalistes du matin au soir.

Ce n'est tout de même pas rien, un État de droit, reconnaissons-le. Cela comporte, entre autres, qu'on y a *droit* à un avocat (commis d'office quand on n'a pas les moyens de s'en payer un vrai). Aux USA par exemple (ou aux *States*, si vous préférez), les 2,3 millions de personnes incarcérées (dont une majorité de Noirs et d'Hispaniques) ont toutes eu droit à un avocat avant d'être condamnées.

Quand on n'a pas droit à l'État de droit, on vit dans un pays *totalitaire*. Si ce pays est ami des États-Unis, comme l'Arabie Saoudite, ce n'est pas trop grave. Si la France y exploite des mines d'uranium, comme au Niger, on veut bien encore fermer les yeux. S'il n'a ni l'une, ni l'autre de ces circonstances atténuantes, comme la Corée du Nord, ça devient inacceptable, et la *communauté internationale* ne peut qu'exprimer son indignation (c'est d'ailleurs sa principale fonction).

Mais puisqu'il y a totalitarisme et totalitarisme, voilà encore un mot qu'on peut mettre au pluriel, *les totalitarismes*, qui viendra ainsi rejoindre la grande famille des extrémismes, des populismes, des archaïsmes, des conservatismes et d'autres pluriels en « ismes » que je vous laisse trouver vous-mêmes.

Cela dit, même dans les pays d'État de droit, il reste toujours des *zones de non-droit*, des îlots de totalitarisme en quelque sorte, et où sévit de surcroît le *communautarisme*. Comme il s'y trouve toujours diverses communautés, voilà qui nous fait un « ismes » de plus : *les communautarismes*.

À voir le nombre de termes qui sont ainsi passés du singulier au pluriel, on mesure les progrès de la démocratie en l'espace d'une génération.

État de droit : mythe et réalité

La notion d'État de droit n'est pas franchement nouvelle : on la trouve déjà chez Aristote trois siècles avant J.C., et elle fut remise au gout du jour au début du XX° siècle chez des auteurs français et allemands, avec des sens différents d'ailleurs.

C'est du reste un des traits marquants de cette notion qu'il en existe autant de définitions qu'on veut. Pour les uns, elle se caractériserait par l'existence d'une « hiérarchie des droits », avec une Constitution au-dessus des lois, elles-mêmes au-dessus des règlements. Mais comme le Royaume Uni n'a pas de Constitution (il n'a que des règles constitutionnelles, dont certaines non écrites), la plupart des légistes préfèrent assimiler l'État de droit avec la séparation des pouvoirs et notamment l'indépendance de la justice par rapport au pouvoir politique.

Pour certains, d'autre part, l'État de droit serait la principale caractéristique des régimes démocratiques. Pour d'autres, ce seraient deux notions distinctes, la Chine avec son régime de parti unique respectant par ailleurs aujourd'hui la séparation des pouvoirs.

Un point sur lequel tout le monde s'accorde en revanche est que l'État de droit suppose l'égalité de tous devant la loi... alors qu'il s'en faut de beaucoup pour que cette égalité soit respectée, même sur le papier, dans nombre de pays où l'État de droit est censé régner. À commencer par ceux où les droits des femmes demeurent inférieurs à ceux des hommes. Ou ceux, comme l'Inde, où l'égalité formelle reconnue à tous est contredite dans les faits par la survivance d'un système de castes.

Dans les vieilles démocraties occidentales elles-mêmes, l'égalité devant la loi s'accommode de l'immunité juridique accordée aux parlementaires, aux présidents de la République, ou aux souverains là où il s'en trouve encore.

Et partout dans le monde, l'égalité devant la loi, quand elle existe, n'empêche pas certains d'être plus égaux que les autres. À qui fera-t-on croire que les rapports du simple citoyen avec la justice sont les mêmes que ceux du milliardaire qui peut s'offrir les services de bataillons d'avocats et de conseillers juridiques ?

Bien sûr, pour le simple citoyen, il vaut mieux vivre sous le régime de l'État de droit que dans une dictature militaire ou un pays livré à des bandes armées. Mais le droit, dans notre société, défend avant tout la propriété. Ceux qui en sont dépourvus n'ont donc pas grand-chose à attendre de l'État, quelle que soit sa forme.

Les mots qui nous manipulent

État de droit : lieu commun politico-journalistique de ces dernières années, ayant pris la relève des *Droits de l'homme* dont on nous abreuvait autrefois. Sert à nous faire croire que le rôle de l'État est de protéger nos droits, que l'on soit puissant ou misérable.

Totalitarisme : l'adjectif *totalitaire* est apparu vers 1930 et s'appliquait à la dictature fasciste de Mussolini. Par la suite, le substantif dérivé de cet adjectif s'est appliqué à tous les régimes à parti unique, il a été utilisé surtout pour faire l'amalgame entre le nazisme et le stalinisme, soulignant les ressemblances entre ces deux régimes et gommant ce qui les opposait. Aujourd'hui, les médias l'utilisent pour stigmatiser des régimes qui s'opposent aux intérêts occidentaux, comme le Venezuela de Nicolas Maduro, le Nicaragua de Daniel Ortega, ou bien sûr la Corée du Nord. Des régimes autoritaires, certes, voire dictatoriaux, mais pas pires que certains alliés des USA comme l'Arabie Saoudite, le Pakistan, la Birmanie ou le Honduras, pour lesquels on n'entend pas souvent prononcer le mot « totalitarisme ».

Communauté internationale : expression entourée d'un flou artistique total, pouvant désigner suivant les cas (d'après *Wikipédia*) :

- Les États membres de l'ONU (donc presque tout le monde)

- Les membres du Conseil de sécurité de l'ONU

- L'OTAN, le G7 ou le G20

- Les États-Unis et ses États clients.

Cette ambiguïté permet de manipuler l'opinion en faisant passer pour « communauté internationale » ce qui n'est en fait que la diplomatie des nations les plus riches – quand ce n'est pas tout bonnement celle des USA.

Il faut un sens de l'humour particulier, du reste, pour parler de « communauté » à propos de pays qui passent leur temps à se tirer dans les pattes...

Communautarisme : ce que les médias se complaisent à présenter comme un « phénomène de société » a en fait toujours existé. Quand un Auvergnat, au XIX° siècle, quittait son village pour venir faire sa vie à Paris, c'est la communauté auvergnate de la capitale qui lui trouvait un logement et un travail. Il en allait de même pour les immigrés italiens dans la première moitié du XX° siècle, puis pour les Espagnols et les Portugais dans les années 1950. L'immigration maghrébine et africaine a pris le relais, ni plus ni moins communautariste que les immigrations précédentes en provenance d'Europe.

Il est vrai que chez ces Africains et Nord-Africains, on voit le communautarisme perdurer parfois après plusieurs générations, et même réapparaitre chez des jeunes dont les parents s'étaient intégrés. On a pointé du doigt la religion musulmane, mais c'est une explication simpliste. L'Islam joue un rôle dans ce regain de communautarisme, mais c'est la crise économique qui en est la principale cause. Les jeunes issus de l'immigration sont les premières victimes du chômage et de la précarité, et une partie d'entre eux réagit en se tournant vers le communautarisme. Un cercle vicieux, malheureusement, car le communautarisme, en les coupant du reste de la population, ne peut que les enfoncer davantage.

Zones de non-droit : encore un de ces clichés dont raffolent les journalistes. Les zones en question sont des quartiers de HLM où l'on a parqué la population pauvre, où les services publics ont fermé les uns après les autres et où sévit un chômage massif. On pourrait les appeler « zones de non-emploi », « zones de survie », « zones à l'abandon ». Mais ce serait moins racoleur. Et ça risquerait de déplaire aux propriétaires des journaux, des radios et des chaines de télévision.

Sur le blog de l'automanipulé

L'État de droit, j'entends parler que de ça en ce moment. Même sur le Web, ils en parlent. Ça me rappelle mes cours de philo. Ou d'histoire peut-être, je sais plus trop. Des profs nuls à chier de toute façon.

État de droit, ça me fait bien marrer. Aux States, d'accord, no problem. Mais en France ! Chez nous, c'est pas l'État de droit, c'est l'État qui a tous les droits. En plus, c'est les syndicats qui font la loi.

Macron, c'est un mec pas mal, moi je trouve. Mais il ne pourra jamais appliquer toutes ses réformes. Dans ce pays de merde, il n'a aucune chance.

6. Vous reprendrez bien un peu de libéralisme avec votre économie de marché

Dans un régime démocratique, non seulement on a un État de droit, mais en plus on respecte les *lois de la nature*.

Le grand public se fait des idées fausses sur la nature. Les lois de la nature, il y en a trois en fait : la lutte pour la vie, la survie du plus apte, et la recherche du profit capitaliste.

Quand des entreprises délocalisent vers des pays à bas coût, qu'est-ce donc sinon une manifestation de la lutte pour la vie ? Et quand des gens perdent leur emploi en France, comment ne pas y voir la survie du plus apte et la sélection darwinienne ?

(Pour la recherche du profit, les exemples sont plus difficiles à trouver, merci de m'écrire si vous en connaissez.)

Les lois de la nature, nul ne les connait mieux que les grands patrons. Chaque année, ils vont lutter pour la vie sur les pistes d'Avoriaz, et laissent survivre les animaux les plus aptes lors de leurs safaris au Kenya. Forts de cette sagesse, dans la vie économique également ils insistent pour qu'on laisse agir la nature, et qu'on arrête de faire de l'*idéologie*.

La sécurité de l'emploi : c'est de l'idéologie. La semaine de 35 heures : de l'idéologie. Le salaire minimum : encore et toujours de l'idéologie. Vous croyez qu'il y a une durée légale du travail dans la jungle, ou un salaire minimum ? Et pourquoi pas des syndicats, pendant qu'on y est ?

La loi de la jungle est dure, mais c'est la loi. Au nom de la loi, ordre de *libérer le travail* (en supprimant toute durée légale, mais était-il besoin de le préciser ?).

Nous vivons dans une *société libérale*, et regardez donc dans un dictionnaire ce que *libéralisme* veut dire. Ça veut dire la fin de la tyrannie dont l'étendard sanglant est levé. Mais notre société libérale, en plein XXI° siècle, tolère encore qu'on tyrannise les employeurs avec le *carcan administratif* et la loi des 35 heures. Oui, en plein XXI° siècle, il y a des attardés qui n'ont toujours pas compris que la liberté, c'est *d'abord* pour les capitaux… et ensuite, on verra.

Il est vrai, d'un autre côté, que le libéralisme n'a plus la cote aujourd'hui. Le mot a trop servi. On l'a trop utilisé à la place de *capitalisme, société capitaliste, économie capitaliste*. « Libéralisme », pourtant, sonnait tellement mieux... au début. Mais les mots sont comme les piles Wonder : ils s'usent quand on s'en sert[1].

Le libéralisme ayant pris un coup de vieux, il a fallu lui trouver un remplaçant. Pendant un temps, l'*économie de marché* a bien marché, elle a même caracolé pendant plusieurs années en tête du hit-parade. Une économie dont on ne saurait trop vanter les mérites. Elle s'oppose en effet à l'économie étatique, forcément bureaucratique et autoritaire. Alors qu'elle, notre économie de marché, laisse agir les forces naturelles. Ce qui nous ramène aux lois de la nature, nous voilà donc pleinement rassurés.

L'État est certes un mal nécessaire, on ne saurait s'en passer. Mais à deux conditions. Un, qu'il respecte lui aussi les lois de la nature (surtout la troisième). Deux, qu'il surveille sa ligne, qu'il ne se transforme pas en *État-providence*. Vous savez bien, ces États qui sont trop gentils avec les fonctionnaires, les retraités, les chômeurs, qui

---

[1] Et c'est encore pire avec le *néolibéralisme*. Celui-là, on n'a pas fini d'en prononcer le nom que déjà les poings se ferment, les mâchoires se crispent, les chats se réfugient sous les armoires et les chevaux hennissent dans les écuries.

favorisent l'assistanat. (Et qui va payer l'addition encore une fois ? *Le contribuable, c'est-à-dire vous et moi.*)

S'il nous faut un État, qu'il s'en tienne à ses *fonctions régaliennes*. Et en dehors de ça : les lois de la nature, toutes les lois de la nature, rien que les lois de la nature.

Sauf quand la nature ne va pas dans le bon sens. Quand une entreprise va mal, comme Alstom au début des années 2000, c'est non seulement le droit de l'État d'entrer dans son capital, mais c'est même son devoir. Comme c'est son devoir de nationaliser toute une industrie en crise, comme la sidérurgie dans les années 1980. Personne ne lui reprochera, dans un tel cas de force majeure, d'outrepasser ses fonctions régaliennes.

Inversement, lorsqu'il privatise des entreprises qu'il a sous son contrôle, personne ne demande à l'État de le faire intégralement. *Privatisation* étant devenu un gros mot, on parlera toujours d'*ouverture du capital*, l'État restant actionnaire minoritaire. Ce qui permet d'appliquer le principe bien connu « les pertes pour l'État, les profits pour le privé ».

Il est vrai que cette expression « ouverture du capital » est moins utilisée depuis quelque temps. Peut-être ne reste-t-il plus grand-chose d'intéressant à privatiser…

Le mythe de l'économie de marché

Elle a un défaut majeur, cette économie de marché : elle n'a jamais vraiment existé, en tout cas pas à l'état pur.

À l'état pur, le marché, c'est le *bazar* (en persan), le *souk* (en arabe), la *cohue* (en breton). Ou la *foire*, en bon français. Des endroits où, comme à Brive-la-Gaillarde et à propos de bottes d'oignons, il se trouve toujours quelques douzaines de gaillardes pour se crêper un jour le chignon. Des endroits, donc, où s'impose la présence du gendarme, comme Brassens l'a fort judicieusement noté[1].

Le gendarme, c'est-à-dire l'État.

Le capitalisme a en fait toujours vécu à l'ombre de l'État et en parfaite entente avec lui. Non seulement l'État, gardien de l'ordre social, mais aussi l'État, acteur de la vie économique. Et ce dans tous les pays du monde, USA compris.

Politique protectionniste, subventions, mesures fiscales, commandes civiles et militaires, et même nationalisation de secteurs non rentables mais néanmoins indispensables au reste de l'économie – autant de formes d'intervention étatique avec lesquelles les « forces naturelles » ont toujours fait bon ménage. Sans parler des liens qui se sont tissés génération après génération entre les milieux d'affaires et le personnel politique, et qui font de l'État sous sa forme actuelle, dans une large mesure, un produit du capitalisme lui-même.

---

[1] Georges Brassens, *Hécatombe*.

L'économie capitaliste ne produit pas pour le marché. Elle produit pour le profit. Le marché n'y joue qu'un rôle de régulateur aveugle de la production, par le biais de l'offre et de la demande. Mais cette régulation n'intervient qu'après coup, et c'est ce qui explique en partie les crises économiques. En tout cas, lorsque le profit n'est plus au rendez-vous sur le marché, c'est vers l'État que les capitalistes tendent la main comme un seul homme.

Du reste, quand on parle d'économie de marché aujourd'hui, encore faut-il préciser de quel marché il s'agit. C'est la finance qui domine tout le reste à l'heure actuelle, la production étant passée complètement au second plan. Conséquence logique : c'est le marché des produits dérivés et autres actifs toxiques qui sert à présent de régulateur à la machine économique. Rassurant, non ?

Les mots qui nous manipulent

Lois de la nature : argument fallacieux, basé sur une analogie factice, pour condamner tout contrôle sur l'économie, sous prétexte que la nature trouve en elle-même ses propres équilibres.

Libéralisme : ce terme a un sens politique et un sens économique, entre lesquels l'ambiguïté est soigneusement entretenue. Le libéralisme politique, au XVIII° siècle, combattait l'absolutisme royal au nom de la liberté. Le libéralisme économique, au siècle suivant, défendait le libre-échange contre le protectionnisme. Le libéralisme d'aujourd'hui est synonyme de déréglementation économique et d'abolition de toute protection sociale ; il s'accommode parfaitement de l'absence de liberté politique, comme en Arabie Saoudite, en Thaïlande, au Tchad et dans bien d'autres pays.

Carcan administratif : la peine du carcan appliquée aux patrons, attachés par le cou sur la place publique et livrés aux quolibets des passants. Cette métaphore compare donc le Code du travail (car c'est de lui qu'il s'agit) à un instrument de torture… sans remarquer que par la même occasion les patrons sont comparés à des criminels – car seuls les criminels, au Moyen Âge, étaient condamnés à cette infamie !

Idéologie : les économistes néolibéraux, s'abritant derrière les prétendues lois de la nature, ont répandu la légende selon laquelle les défenseurs du capitalisme n'auraient aucune idéologie, contrairement à ses adversaires. Les partis de droite se sont engouffrés dans cette fable, et le mot « idéologie » est devenu presque une injure aujourd'hui, que l'on jette à la tête de tous ceux qui s'opposent un tant soit peu à la régression sociale et à la déréglementation.

Le contribuable, c'est-à-dire vous et moi : le pendant du consommateur, qui est aussi vous et moi. Mais ici, le message est que c'est vous et moi qui payons pour entretenir les agents de la fonction publique.

Ouverture du capital : façon de présenter une privatisation comme une « ouverture » (alors qu'auparavant le capital restait fermé sur lui-même…).

En réalité, même dans les entreprises nationalisées, le capital privé est presque toujours représenté (c'est le cas à la SNCF). Et en cas de privatisation, l'État devient minoritaire mais reste présent, au moins dans un premier temps. Ce n'est pas lui qui l'impose, ce sont les nouveaux entrants qui préfèrent qu'il en soit ainsi.

Fonctions régaliennes : curieuse expression dans un pays républicain comme la France, puisqu'elle désignait à l'origine le domaine réservé du roi (du latin *regalis* « royal »). Il n'y a plus de roi, mais ces fonctions sont demeurées : ce qui relève du maintien de l'ordre, de l'armée et de la diplomatie. Dans le climat actuel d'ultralibéralisme, le message qu'on veut faire passer est que ces fonctions sont les seules qui relèvent véritablement de l'État, tout le reste pouvant être abandonné au privé (éducation, culture, économie, relations sociales, etc.).

Mais même le maintien de l'ordre peut être sous-traité en partie à des agents de sécurité du privé… sous réserve qu'ils n'aient pas plus de 31 condamnations figurant à leur casier judiciaire (voir le rapport de la Cour des comptes publié le 07/02/2018).

Et en Irak, l'armée américaine a de même abandonné une partie de sa « fonction régalienne » à des sociétés privées.

État-providence : expression créée pour insinuer que dans certains pays (la Suède, le Danemark, ou autrefois le Royaume Uni), l'État serait d'une générosité sans limite pour les salariés, les retraités, les sans-emploi – un vrai papa gâteau. En France aussi d'ailleurs, mais il est temps d'y mettre fin. En revanche, il n'est jamais temps de mettre fin aux subventions, avantages fiscaux, marchés d'État avec les industriels…

Modèle social français : une autre forme de manipulation, pour faire croire qu'en France les partis de gauche sont plus sociaux qu'ailleurs. Alors qu'il y a des pays où la protection sociale est plus poussée que chez nous. C'était le cas au Royaume Uni avant Margaret Thatcher. C'est encore le cas à l'heure actuelle dans les pays scandinaves. Faut-il pour autant parler d'un modèle social britannique, ou d'un modèle social suédois ?

Sur le blog de l'automanipulé

L'État n'a rien à faire dans l'économie, ce n'est pas son rôle. En fait, je ne sais pas ce que c'est, son rôle. Mais je sais que moins il y a d'État, mieux c'est. Tout le monde le dit, c'est pas pour rien.

L'économie, il faut la laisser à ceux qui s'y connaissent, et ceux qui s'y connaissent, c'est les entrepreneurs. Moi, quand j'aurai ma boite, il ne faudra pas que l'État vienne y fourrer son nez.

J'ai vu sur les forums que quand on crée une entreprise, on a droit à une aide. Je trouve ça normal, d'encourager ceux qui font quelque chose pour l'économie.

Je ne sais pas si aux States on a droit à une aide aussi. Mais comme aux States il y a moins d'État que dans ce pays de merde, du coup il doit rester plus d'argent pour aider ceux qui créent leur boite. Je demanderai demain chez McDo, ils doivent bien savoir.

7. Pendant les réformes, la manipulation continue

Tant que le capitalisme s'appelait le capitalisme, les patrons s'appelaient des patrons, et personne n'y trouvait à redire. Mais puisqu'on a changé le nom de la société, on n'allait pas garder le nom du reste à l'identique – question de cohérence.

Dans la société libérale, il n'y a donc plus de patrons, mais des *employeurs*, ce qui a en outre l'avantage de mettre en évidence la disparition des classes sociales. On peut les appeler aussi *entrepreneurs*, ou *chefs d'entreprise*, mais « employeurs » sonne nettement mieux. Les employeurs, comme leur nom l'indique, *créent un emploi* chaque fois qu'ils embauchent un salarié. Ils n'en détruisent jamais, ils procèdent seulement à des *réductions de la masse salariale*.

À côté de ces appellations nouvelles, il y a des termes anciens qu'on a conservés, mais dont le sens n'est plus tout à fait le même.

Ainsi, une *modernisation* désigne de nos jours un retour à la législation du travail du XIX° siècle. Puisqu'on peut désormais consulter cette législation sur Internet, il s'agit bien d'une modernisation.

Dans le même esprit, on parle aujourd'hui de *réformes* dans le sens de « retour à l'ancienne forme ». C'était d'ailleurs la signification de la Réforme de Luther au XVI° siècle ; alors qu'au XIX° siècle les réformes étaient généralement des concessions faites aux classes populaires.

Mais ce nouveau tournant à 180 degrés du contenu des réformes ne retire rien au poids du mot dans nos esprits : une réforme, c'est quelque chose de nécessaire, tout le monde doit le ressentir – et on fait ce qu'il faut pour que tout le monde le ressente. On ne dira pas que le gouvernement veut *supprimer* le statut de cheminot, on dira qu'il veut *en finir* avec ce statut.

Quant aux *syndicats réformistes*, c'étaient autrefois ceux qui rejetaient la méthode révolutionnaire et s'en tenaient à des réformes pour améliorer la condition des travailleurs. Ceux d'aujourd'hui s'en tiennent toujours aux réformes, celles de notre temps, qui améliorent la trésorerie des entreprises.

Laquelle trésorerie, on le sait, est vidée régulièrement, sous forme de salaires et de cotisations sociales, au profit de sinistres individus dénommés « salariés » (sorte d'assistés qui ne sont même pas capables de créer leur entreprise).

C'est pour souligner ce préjudice que les salaires ont été rebaptisés coûts salariaux, et les cotisations *charges sociales*.

En finir avec...

D'après le *Petit Robert* : *En finir* : mettre fin à une chose longue, désagréable. *En finir avec* : arriver à une solution.

Les médias ont dû considérer que le statut des cheminots était un problème, qui n'avait que trop duré. D'où l'emploi récurrent de l'expression « en finir avec » de préférence à « supprimer », terme plus neutre.

« Pourquoi le gouvernement veut en finir avec le statut de cheminot » annonce en titre *Le Point* du 01/03/2018. « Faut-il en finir avec le statut de cheminot ? » demande à son tour RCF Radio le 11 avril. France Info lui fait écho le même jour, rapportant que l'Assemblée « discute du projet de loi visant à en finir avec le statut de cheminot ».

Certains trouveront peut-être que c'est chercher des poux dans la tête des journalistes. Mais le diable est dans les détails, et en matière de manipulation plus que partout ailleurs.

Création d'emplois : des chiffres qui ne veulent rien dire

On nous abreuve sans cesse de chiffres en se gardant bien de préciser ce qu'ils signifient – une forme parmi d'autres de manipulation.

Ainsi, d'après le journal de France 2 du 14 août 2017, « L'économie française a créé 91 700 postes supplémentaires au deuxième trimestre. Une hausse de 0,5%, du jamais vu depuis 2011. »

Une hausse de quoi par rapport à quoi ? Veut-on dire que les créations de postes au deuxième trimestre sont en augmentation de 0,5 % par rapport aux créations de postes au premier trimestre, ou est-ce le nombre total de postes de travail qui a augmenté de 0,5 % d'un trimestre à l'autre ? Et puis, 91 700 postes supplémentaires, faut-il en déduire les postes qui ont été *détruits* dans le même temps, ou bien cette déduction est-elle déjà incluse dans les 91 700 ?

Et surtout, sous quelle forme de contrat les postes détruits et les postes créés ? Tout le monde sait que les embauches se font aujourd'hui en CDD dans leur très grande majorité. 91 700 CDD de trois mois, ce n'est pas cela qui fera reculer le chômage si dans le même temps on a supprimé 50 000 CDI.

« Des chiffres positifs », conclut pourtant le journaliste de France 2, « qui, selon les économistes, pourraient annoncer une baisse du chômage plus nette dans les mois à venir. »

Hélas, en janvier de l'année suivante, on nous annonce que selon l'INSEE, la baisse du chômage en 2018 devrait finalement être moins forte que prévu. Rien de grave pourtant, tout le monde entretemps a oublié ce qu'on nous avait dit à ce sujet « selon les économistes » cinq mois plus tôt…

Les mots qui nous manipulent

Employeur : le nom « socialement correct » utilisé aujourd'hui pour ne plus parler de patron, terme jugé trop marqué « lutte des classes ». Mais l'usure des mots étant plus rapide qu'autrefois, « employeur » pourrait bien devenir péjoratif à son tour dans un proche avenir. Après tout, « patron » (qui vient du latin *pater* « père ») était une appellation bienveillante au départ : au Moyen Âge, un patron était le saint protecteur d'une profession, comme Saint Éloi, patron des forgerons…

Entrepreneur : autre dénomination avantageuse du même personnage. Mais dans « employeur », l'accent est mis sur l'emploi que ce bienfaiteur prodigue à ses salariés. L'entrepreneur, lui, se distingue (comme son nom l'indique) par son esprit d'entreprise. C'est lui qui assume tous les risques, pour que ses salariés puissent mener une vie tranquille.

Chef d'entreprise : l'accent est mis cette fois sur les responsabilités qui pèsent sur les épaules de cette personne.

Employeur, entrepreneur, chef d'entreprise, on a donc le choix entre ces trois appellations, tout dépend de la qualité que l'on entend souligner. Si l'on est salarié de l'entreprise et qu'on n'arrive pas à se décider, on peut continuer à dire « le patron ».

Création d'emploi : expression tellement passée dans le langage quotidien qu'on oublie qu'il s'agit d'une image. C'est la personne employée qui *crée* véritablement quelque chose, qui est créative.

N.B. : cette locution « création d'emploi » était peu utilisée jusque dans les années 1970. Sa grande mode a commencé avec… la montée du chômage.

Réduction de la masse salariale : terme pudique pour parler d'une réduction d'effectif, la charge de travail restant la même. En clair, la même production avec moins de salariés. On peut aussi réduire la masse salariale en remplaçant des anciens qui coûtent cher par des jeunes à meilleur marché. Les deux méthodes n'ont rien de contradictoire, elles se complètent merveilleusement au contraire.

Charges sociales : salaire différé versé à la Sécurité sociale au lieu d'être donné au salarié lui-même. L'expression exacte est en fait « cotisations sociales ». Mais « charges » permet d'évoquer la souffrance des entreprises (et de leurs actionnaires).

Réforme : on s'était habitué au sens progressiste du mot « réforme » : les réformes qui améliorent la condition des travailleurs, qui diminuent le temps de travail et garantissent un salaire minimum. On avait oublié le sens initial du mot : « retour à la forme première ». La forme première de la religion chrétienne, chez Luther au XVI° siècle ; la forme première de l'exploitation capitaliste avec les réformes d'aujourd'hui, qui nous ramènent petit à petit à la condition salariale du XIX° siècle.

Syndicats réformistes : expression d'une ambiguïté savamment calculée. On peut l'entendre dans son acception ancienne de « syndicats non révolutionnaires », qui ont renoncé au grand soir et s'en tiennent à la lutte pour des améliorations dans le cadre du système existant. Dans ce sens-là, tous les syndicats sans exception sont réformistes depuis bien longtemps, la CGT incluse.

Mais par ces temps où la seule amélioration admissible est devenue celle de la rentabilité des capitaux, les syndicats réformistes nouvelle façon sont ceux qui ont su négocier ce tournant, et se montrent plus soucieux de la santé des entreprises que de celle des salariés.

À noter que l'expression se décline systématiquement au pluriel, *les* syndicats réformistes, et vient donc enrichir dans la novlangue la grande famille des extrémismes, des populismes, des communautarismes, archaïsmes, conservatismes…

Sur le blog de l'automanipulé

Pour ma boite que je veux créer, on m'a dit de commencer petit. Autoentrepreneur, les formalités sont à la portée de tout le monde, ça prend une demi-heure sur Internet à ce qu'il parait. Ça prouve bien que ceux qui n'ont pas créé leur entreprise sont des gogols.

Après, si ça marche, je pourrai passer à l'étape suivante. PME. On n'a même pas besoin de choisir entre petite et moyenne, c'est top. Et je vais même pouvoir commencer à créer des emplois. Très important, ça, créer des emplois. C'est là qu'on commence vraiment à exister.

Avec tous ces emplois que j'aurai créés, un jour je pourrai jouer dans la cour des grands. J'aurai une vraie entreprise, avec un siège social, un DRH, et même une DirCom. Vous croyez que j'ai la grosse tête ? Même pas, parce qu'à ce moment-là, je me ferai racheter par un grand groupe, et elle n'est pas belle, mon histoire ?

> Pour l'instant, je ne me suis pas encore décidé sur ce qu'on y fera, dans ma boite. Mais j'y pense. De toute façon, l'essentiel est de commencer. On aura toujours le temps de se poser les questions ensuite.

8.   La mondialisation a bon dos

Vous l'avez forcément entendu dire, et plus d'une fois : on ne gère pas une entreprise aujourd'hui comme on la gérait hier.

Hier, on pouvait se permettre d'avoir deux employés payés pour faire à peu près le même boulot.

On ne le peut plus aujourd'hui, *à l'heure de la mondialisation*.

Aujourd'hui, quand on peut faire effectuer le travail de deux par un seul, on n'a pas le droit d'hésiter : il faut *développer des synergies*.

Il faut restructurer pour améliorer le *process*.

Il faut externaliser pour *se recentrer sur notre cœur de métier*.

Il faut se *positionner* sur un *créneau* pour en être le leader.

Il faut *solutionner* la *problématique* de la *faisabilité*.

Il faut que le personnel soit davantage *proactif*.

Il faut lui faire accepter le *plan de rupture collective* à l'amiable dans lequel ce sera *gagnant-gagnant*.

Et il en faut d'autres encore, dans la même veine poétique, pour que les *investisseurs* soient rassurés.

C'est donc clair, il y a des choses que nous ne pouvons plus nous permettre aujourd'hui, à l'heure de la mondialisation.

Il y a d'abord les 35 heures bien sûr (quoi que la mondialisation ait déjà été bien avancée en 2000, quand les lois Aubry sont entrées en application, mais on ne va pas commencer à chipoter).

Il y a la fixation même d'une durée légale du travail, qui dissuade les salariés de travailler plus pour gagner la même chose, alors que *partout ailleurs* on a su s'adapter aux nouvelles *réalités économiques*.

Il y a les contrats à durée indéterminée, sur lesquels tous nos partenaires économiques sont revenus, et ils ont eu bien raison de le faire.

Il y a cet archaïsme que constitue le statut des fonctionnaires, celui des cheminots, celui des agents EDF.

Il y a l'existence du salaire minimum, qui est un frein à l'embauche, et qui décourage les investisseurs.

Il y a ces coûts salariaux et ces charges sociales qui empêchent nos entreprises d'être compétitives.

Il y a tous ces avantages acquis, qui sont une honte quand on pense aux victimes de l'exclusion.

Tout cela, notez bien, il aurait fallu y mettre fin de toute façon, même s'il n'y avait pas eu de mondialisation. Mais avec la mondialisation en plus, vous voyez bien qu'on ne peut plus continuer comme avant. En somme, la mondialisation nous oblige à opérer les réformes dont le MEDEF a toujours dit qu'elles étaient nécessaires.

Si la mondialisation n'avait pas existé, il aurait fallu que le MEDEF l'invente.

Mais puisque mondialisation il y a, il nous faut apprendre à vivre avec. Bienvenue donc dans l'univers des *Bourses mondiales*, autrement dit les Bourses qui sont situées dans le monde (pour les distinguer des autres).

Venez découvrir leurs *prises de bénéfices* quand elles baissent (et leurs anticipations de bénéfices quand elles montent, mais ça ne se dit pas).

Faites connaissance avec les *analystes financiers* et avec les *opérateurs*, des gens sympathiques qui ne vous veulent que du bien.

Familiarisez-vous avec les *fondamentaux économiques* et les *indicateurs macroéconomiques*, ça occupera vos longues soirées d'hiver.

Défiez-vous en revanche des *tensions inflationnistes* en période de plein emploi, même si ça n'arrive pas souvent.

Mais gardez votre sang froid en cas de *repli des places financières*, ce n'est qu'un repli passager.

Et ne paniquez pas non plus après un *retournement de la conjoncture* : elle finira bien par se retourner dans l'autre sens.

La langue de bois des business manager

Développer des synergies : mutualiser les ressources de deux services de façon à économiser des postes de travail.

Le process : le procédé (mais dit en anglais, ça fait plus classe).

Se recentrer sur notre cœur de métier : ne garder que ce qui est le plus rentable à court terme.

Se positionner : affronter nos concurrents.

Créneau : secteur où il y a du bénef à faire.

Faisabilité : caractère de ce qui est faisable (avec suffisamment de bénef).

Problématique : les simples exécutants ont des problèmes, les chefs ont des problématiques (c'est même à ça qu'on voit qu'ils sont des chefs).

Solutionner : trouver la solution d'une problématique.

Proactif : cadre surzélé qui risque de mal finir.

N.B. : le cadre simplement zélé finit au placard, le surzélé finit au conzélateur.

Surbooké : cadre proactif à la veille d'un burn-out. Ou avion dont on vient d'être refoulé pour cause de surréservation.

N.B. : ce sont souvent des cadres surbookés qui sont refoulés d'avions surbookés, il y a des gens qui ont vraiment la poisse.

Plan de rupture collective : plan de licenciement, mais présenté de façon positive.

Gagnant-gagnant : que les syndicats pourront faire avaler au personnel.

Pas productif, mon travail ?

D'après les statistiques de l'OCDE, la France a une productivité horaire supérieure à la moyenne des pays développés (chiffres de 2014).

Mais ça n'empêche qu'au bout du compte nos entreprises ne seraient pas compétitives.

Au cas où vous ne le sauriez pas encore, ce manque de compétitivité est dû aux charges sociales, aux coûts salariaux et aux 35 heures.

Les mots qui nous manipulent

Mondialisation : évolution économique qui permet à un habitant de la France de manger des bananes, de boire du café, de mettre de l'essence dans sa voiture… et de voir son emploi délocalisé en Roumanie. Elle est en fait aussi vieille que le capitalisme, elle s'est seulement accentuée et généralisée depuis cinquante ans, avec le développement du transport aérien d'une part, et d'autre part avec la mobilité des capitaux, qui se déplacent aujourd'hui sur les circuits informatiques, à la vitesse de la lumière.

À l'heure de la mondialisation : prétexte invoqué chaque fois qu'il s'agit de remettre en cause la protection sociale, la durée légale du travail ou le salaire minimum. Si l'on suit cette logique jusqu'au bout, les salariés français, pour conserver leur emploi, devraient accepter de voir leur salaire et leurs conditions de travail alignés sur ceux du Bengladesh.

Partout ailleurs : procédé classique de bourrage de crâne, pour faire accepter aux salariés d'un pays ce qui se fait de pire dans d'autres pays.

N.B. : et dans chaque pays, il se trouve des chroniqueurs économiques pour marteler que partout ailleurs…

Réalités économiques : encore un poncif des chroniques économiques dans les médias. Les « réalités » en question n'ont rien à voir avec les gens (pourtant bien *réels*) qui font vivre l'économie dans les champs, les usines ou les bureaux. Non, les « réalités économiques » sont les cours de la Bourse qui baissent dès qu'on n'en fait pas assez pour les actionnaires, ou les taux d'intérêt qui grimpent dès qu'un gouvernement ne serre pas suffisamment la vis à la population de son pays.

Investisseurs : terme complaisant pour désigner les possesseurs de capitaux. Lorsque ces derniers achètent des actions en Bourse, les économistes présentent cette acquisition comme un *investissement*. Lorsqu'ils en vendent, en revanche, personne ne parle de *désinvestissement*, ce qui serait pourtant logique. De toute façon, dans les deux cas, les actions n'ont fait que changer de main ; sur le terrain cela ne se traduit pas par l'achat de nouvelles machines ou l'embauche de nouveaux salariés. Les fameux « investisseurs » ne sont d'ailleurs pas des personnes physiques le plus souvent, mais des banques ou des « fonds d'investissement » – ce qui n'empêche pas des personnes en chair et en os d'en être les principaux actionnaires.

Opérateurs : ceux que les anglophones appellent les *traders*. Mais comme ce dernier terme renvoie aujourd'hui à une image négative, c'est le nom français – une fois n'est pas coutume – qui est préféré par les chroniqueurs économiques. Ce sont ces opérateurs qui vendent et achètent actions et produits dérivés, pour le compte de leurs clients ou pour le compte de leur société, en Bourse ou sur des circuits parallèles.

Analystes : sous-entendu : financiers. Des gens dont le métier est d'évaluer la situation financière des entreprises – pas la leur généralement, encore que les grandes sociétés puissent avoir leurs propres services dédiés à cette tâche. Il y a aussi les agences de notation financière, dont les trois plus connues sont Standard and Poor's, Moody's et Fitch, qui évaluent la solvabilité non seulement des entreprises, mais des États ; et c'est de l'une d'elles qu'il s'agit quand on entend dire que telle entreprise « a vu sa note dégradée par un analyste ».

Indicateurs macroéconomiques : expression pompeuse pour désigner des données aussi prosaïques que les taux d'intérêt, les chiffres de l'emploi ou la croissance du PIB.

Quant aux indicateurs économiques tout court, ce sont bêtement les résultats publiés par les entreprises.

Fondamentaux économiques : autre formule ronflante, pour parler de la situation économique d'un pays ramenée à quelques chiffres (PIB, balance commerciale, dette publique, taux d'inflation).

Prise de bénéfices : baisse des indices boursiers mettant fin à plusieurs séances successives de hausse. La formule se veut rassurante, elle ne fait en réalité que souligner la nature spéculative des variations de la Bourse, sans lien véritable avec l'économie réelle.

Repli des places financières : prise de bénéfices simultané des fameuses *Bourses mondiales*. Mais présentée cette fois en termes rappelant le vocabulaire militaire : nos troupes se sont repliées, mais l'état-major contrôle parfaitement la situation…

> **Retournement de la conjoncture** : là, l'état-major ne contrôle plus trop. Et l'expert en économie qui vous parle ne sait plus trop non plus où il en est.

Sur le blog de l'automanipulé

Hier en rentrant chez moi, j'ai été bloqué en bagnole par une manif de retraités pour je ne sais pas quoi, une histoire de CSG, gel des pensions, ce genre de choses.

Premièrement, je trouve ça inadmissible qu'on bloque le trafic sous prétexte qu'on a des problèmes. Les retraités, ils n'ont que ça à faire, manifester, forcément. Mais les gens bloqués dans leur voiture, ils travaillent, eux. Ou ils rentrent du boulot, ça revient au même.

Deuxièmement, c'est normal que les retraités paient leur part dans les réformes de maintenant. Ils ont eu la belle vie, les vieux, il serait temps qu'ils montrent leur solidarité avec les jeunes. Il a raison, Macron.

Les retraités épanouis, j'ai rien contre le principe, remarquez. Mais on ne peut plus se le permettre. On est à l'heure de la mondialisation, il ne faudrait pas l'oublier.

D'ailleurs, des vieux, il y en a de plus en plus, c'est ça le problème de fond. Peut-être bien que ça aussi, on ne peut plus se le permettre. Quand on a fait son temps, on a fait son temps. C'est triste à dire, mais il faut regarder la réalité en face.

9. Le Bisounours : à manipuler avec précaution

Chez les Bisounours, l'enfant est roi. Ce petit être innocent, mignon tout plein, est réputé incapable de faire le moindre mal. Raison pour laquelle il a tous les droits sur ses parents, c'est ce qu'on appelle les droits de l'enfant.

Dans la société bisounours, les droits de l'enfant s'accordent harmonieusement avec les droits de l'industrie sucrière de le rendre obèse. Les marchands d'iPad et de tablettes ont aussi leurs droits, de même que les marques de vêtements les plus chères – l'important étant que les enfants soient épanouis.

Il y a chez les Bisounours beaucoup d'enfants surdoués, que leurs parents soumettent à un entrainement intensif, jusqu'à dix heures par jour. On forme ainsi les futurs champions sportifs notamment. Mais cela ne contrevient en rien aux droits de l'enfant. En tout cas, les défenseurs des droits de l'enfant n'y trouvent rien à redire.

Chez les Bisounours, le Père-Noel n'est pas une ordure, c'est un bénévole. Tout le monde aime bien les bénévoles dans cet univers-là, car ils se chargent de ce qui ne rapporte aucun profit.

Il y a aussi un mouvement associatif, que tout le monde aime bien également et pour les mêmes raisons. Tout ce qu'on lui demande, c'est de respecter certaines limites et de laisser les entreprises faire leur travail.

Chez les Bisounours, il n'y a pas de classes sociales. Les salariés et leurs employeurs sont des partenaires sociaux. Il leur arrive certes de se disputer, comme dans n'importe quelle famille, mais ensuite ils se réconcilient, et ils s'aiment bien quand même au bout du compte.

Les Bisounours s'aiment aussi beaucoup d'un pays à l'autre, ils forment ainsi une communauté internationale. Il y a toutefois quelques pays qui n'en font pas partie.

Ils ont mis en place une aide au développement, qui est un système très ingénieux. Les pays les plus riches accordent des crédits aux pays les plus pauvres. Avec cet argent, les pays pauvres peuvent passer des commandes aux industriels du pays créancier. Il ne leur reste ensuite qu'à rembourser leur dette, avec les intérêts.

Tout n'est pas parfait chez eux pour autant. Bien que la grande majorité des Bisounours appartienne à la classe moyenne, il reste malgré tout des gens pauvres. Mais on évite de dire « les pauvres », car ils pourraient se vexer. On les a donc rebaptisés « les plus démunis » ou « les victimes de l'exclusion ». Il y a des organisations caritatives qui leur viennent en aide. Et à la télévision, il y a souvent des émissions consacrées à l'exclusion, où l'on rappelle chacun à son devoir de solidarité.

Il y a même des Bisounours qui vont exercer ce devoir de solidarité dans les pays pauvres. Ils appellent cela l'action humanitaire.

Enfin, le Bisounours étant une espèce protégée, ses représentants sont très sensibles à tout ce qui concerne l'écologie. Il y a eu chez eux une prise de conscience, à la suite de laquelle ils ont changé leurs habitudes, comme on les y exhortait. Depuis, ils ne consomment plus que du bio, si possible sans gluten. Qu'ils cuisinent aux huiles essentielles.

Pour faire pleurer dans les chaumières des Bisounours

On parlait autrefois du drame de la misère, mais ce vocabulaire n'a plus cours aujourd'hui. C'est l'*exclusion* qui est devenue le drame de notre époque.

Misère ou exclusion, c'est du pareil au même dira-t-on. Mais justement pas. La misère, c'était du temps où il y avait des classes sociales. On pouvait en attribuer la responsabilité aux bas salaires, aux licenciements, à la rapacité des bourgeois. Il n'y a plus de bas salaires à présent, seulement des coûts salariaux qu'il faut réduire à cause du contexte international. Plus de licenciements non plus, rien que des plans sociaux et des ruptures à l'amiable. Et plus de bourgeois depuis que nous faisons tous partie de la classe moyenne… sauf ceux qui en sont exclus justement.

Exclus par qui ? C'est là que les curés de toutes obédiences, laïcs compris, se relaient pour nous culpabiliser : nous serions TOUS responsable de l'exclusion. Par notre égoïsme, par notre indifférence à la détresse des autres. Nous devrions avoir honte, nous qui *bénéficions* d'un salaire ou d'une retraite, nous qui ne voulons pas remettre en cause nos avantages acquis, alors qu'en bas de chez nous il y a des exclus qui font les poubelles et qui dorment dehors.

Au-dessus de la classe moyenne qui nous rassemble, il y a d'autres catégories, certes. Mais elles ne doivent pas servir à nous voiler la face —

> car on ne le dira jamais assez, l'exclusion, c'est *vous et moi* qui la créons.

Les mots qui nous manipulent

Droits de l'enfant : l'enfance maltraitée (qui existe, nul ne le conteste) sert aujourd'hui de prétexte à une culpabilisation des parents pour la moindre réprimande, la moindre parole adressée en élevant la voix. Les marchands de sucreries, de jeux vidéo et de vêtements de marque sont les véritables bénéficiaires de cette mise en condition.

Bénévolat : il montre, s'il en était besoin, que l'être humain n'est pas intrinsèquement égoïste et que l'action désintéressée peut exister même dans le cadre de la société capitaliste. Mais dans le contexte actuel, le bénévolat est détourné de son but et sert trop souvent à économiser des emplois à l'heure où le chômage (total ou partiel) touche plus de 6 millions de personnes dans un pays comme la France.

Mouvement associatif : avec 1,3 million d'associations et 13 millions de bénévoles (mais aussi 1,8 millions de salariés), l'*Économie sociale et solidaire*, comme elle se baptise elle-même, n'a en France rien d'un phénomène marginal. Elle aussi témoigne de ce que nombre de personnes, aujourd'hui, aspirent à autre chose qu'à une économie basée sur la seule course au profit. Son poids économique reste bien modeste malgré tout, et cantonné à quelques domaines d'activité (sanitaire et social, sportif, culturel, éducatif, touristique, écologique). Elle ne menace en rien la domination des multinationales, qui ne se sont guère émues de son existence jusqu'à présent.

Partenaires sociaux : une expression qui aurait semblé incongrue voici un siècle. Des *partenaires sociaux*, les syndicats de salariés et les organisations patronales ? On aurait pu prendre ça pour un canular. Mais bien de l'eau a coulé sous les ponts depuis, et à force de se rencontrer, de négocier, de siéger dans les mêmes organismes paritaires (Unedic, CNAM, Assurance retraite, etc.), on a appris à mieux se connaitre de part et d'autre. Comme dans bien d'autres pays, d'ailleurs. Il parait pourtant que « partenaires sociaux » est une expression spécifiquement française qui n'a d'équivalent dans aucune autre langue. Encore une exception culturelle sans doute !

N.B. : des représentants, la dénomination s'est transmise aux représentés. Patrons et salariés eux-mêmes sont désormais des partenaires sociaux, pour le plus grand bonheur de tous.

Aide au développement : une fable dans laquelle les pays riches se donnent le beau rôle alors que la réalité est des plus sordides. Dans le cas de la France, les pays « aidés » sont d'anciennes colonies dont les gouvernements, officiellement indépendants, sont sous le contrôle de la diplomatie et de l'armée françaises, comme au Cameroun par exemple. Quant à l'« aide » en question, elle disparait en partie dans les poches des protégés locaux, l'autre partie finissant dans les caisses de compagnies françaises opérant sur place, comme Total ou le groupe Bolloré. C'est donc bien une aide au développement… de Total et de Bolloré.

Les plus démunis : l'expression peut paraitre moins méprisante que « les plus pauvres ». Mais « pauvres », ça reste marqué socialement, ça renvoie aux riches, aux divisions de la société. « Démunis », c'est neutre, ça renvoie à la fatalité, c'est la faute à personne. D'autant qu'on nous parle toujours des *plus* démunis : ils le sont bien davantage que nous, nous ne pouvons donc pas nous reconnaitre en eux. Tout juste en avoir pitié.

Organisations caritatives : formulation politiquement correcte pour ne plus dire « œuvres de charité ».

Prise de conscience : si vous entendez dire qu'*il y a* une prise de conscience de ceci ou de cela, c'est chez les industriels que ça se passe. S'il *doit y avoir* une prise de conscience, c'est chez vous.

Changer nos habitudes : ce que nous devons faire sans délai, vous et moi, si nous ne voulons pas que notre planète connaisse une catastrophe écologique dans les décennies qui viennent. Ce sont donc *nos mauvaises habitudes* qui sont les grandes coupables de la pollution et du dérèglement climatique. L'industrie capitaliste n'y est pour rien.

Bio : produit de l'agriculture biologique, en principe plus respectueuse de la nature. Même si

> ce produit a ensuite parcouru 8000 kilomètres en avion pour parvenir dans nos assiettes.
>
> **Sans gluten** : Plus cher. Et sans le moindre avantage diététique pour 94 % de la population.

Sur le blog de l'automanipulé

Hier devant mon McDo, il y avait la Croix Rouge qui organisait une action contre l'exclusion.

Je trouve ça bien, dans ce pays de merde, qu'il y ait quand même des gens qui se dévouent pour les autres.

D'un autre côté, les exclus, c'est peut-être eux qui l'ont un peu cherché, si on y réfléchit. Il n'y a pas de fumée sans feu, comme on dit. Et il faut bien qu'il y ait des riches et des pauvres aussi, on ne peut pas être tous égaux. C'est une loi de la nature.

Dans la nature, c'est chacun pour soi, et il n'y a pas de Croix Rouge pour vous venir en aide.

C'est la sélection naturelle, et c'est grâce à elle qu'il y a eu l'évolution et l'homme et tout ça, même si tout le monde n'y croit pas.

En plus, on est déjà 7 milliards sur Terre. Et s'il n'y avait pas l'exclusion, on serait combien dans quelques années ? Rien que d'y penser, ça me fait froid dans le dos.

10. Des conditions de manipulation souvent difficiles

C'est vrai qu'ils font leur métier dans des conditions souvent difficiles, les journalistes. Un exemple typique : dans la journée du 6 décembre 2017, il leur était difficile, voire impossible, d'informer le public sur un sujet autre que la mort d'un rocker célèbre. Vingt-quatre heures d'affilée, ils ont dû se relayer pour nous repasser en boucle et dans ses moindres détails la carrière de l'artiste. Le reste de l'actualité méritait-t-il qu'on s'y attarde dans de telles circonstances[1] ?

Pour leur défense, ils évoquent « le peu de temps qui nous est imparti ». Ou même « le peu de temps *qu'il* nous est imparti », dans les cas les plus désespérés.

Dans ce peu de temps, ils doivent se résoudre à effectuer des interviews *sous*

---

[1] On a quand même eu droit aux cours de la Bourse ce jour-là.

couvert de l'anonymat. On les suspecte, du coup, mais est-ce qu'on choisit les conditions souvent difficiles dans lesquelles on travaille ?

Ou alors, ils interrogent un Suédois, en Suède, mais pas de chance, la personne répond en anglais. La fois d'après, ils interviewent un Turc, en Turquie, et devinez quoi ? Même les Turcs ne parlent plus qu'en anglais aujourd'hui. Ceux qui passent à la télé en tout cas.

La nuit, ils font des cauchemars, les journalistes, dans lesquels ils voient le monde envahi par les *emblématiques*. Le lendemain, on retrouve les emblématiques en question dans leurs articles, leurs chroniques à la radio, leurs journaux télévisés, emblématique par-ci, emblématique par-là, du sol au plafond, une infection !

Ils ne savent pas qu'il existe un verbe « exploser » dans la langue française, raison pour laquelle ils emploient systématiquement « imploser », qui signifie presque la même chose sauf que c'est exactement le contraire.

Quand ils ont lu un livre et qu'ils ne savent pas quoi en penser, ils parlent d'une *œuvre intimiste*. Une pièce de théâtre sera plutôt *iconoclaste*, ou *jubilatoire*.

Ce sont des philosophes, qui aiment réfléchir sur les *phénomènes de société*. Au premier rang desquels la *radicalisation*. Pas la radicalisation du MEDEF dans sa croisade contre les acquis sociaux, qu'est-ce que vous allez chercher ? Je vous parle de l'autre radicalisation. LA radicalisation. Il faut vous faire un dessin ?

Des phénomènes de société, il y en a d'autres, remarquez, que les journalistes aiment bien aussi. Comme le *renouveau de la spiritualité*, devant laquelle ils s'extasient à chaque visite du Pape en France.

Ils adorent critiquer le gouvernement sur la forme. Ils lui reprochent par exemple son *manque de pédagogie*, tout en lui reconnaissant du courage lorsqu'il s'attaque au statut des cheminots. D'autant qu'« on n'est plus au temps des locomotives à vapeur » et que les cheminots d'aujourd'hui ont la belle vie (contrairement à eux, journalistes, qui font leur métier dans des conditions souvent difficiles. Mais j'ai l'impression que je me répète.)

Dans le débat sur l'avenir de la SNCF, ils ne gaspillent pas le temps imparti avec des détails sans intérêt comme les subventions accordées aux compagnies ferroviaires en Grande Bretagne, où la privatisation des chemins de fer a finalement coûté plus cher au contribuable que ne l'aurait fait le maintien de l'ancienne compagnie nationale British Railways. Ça n'intéresse pas le public, et ça pourrait de plus faire de la peine aux propriétaires des médias qui emploient ces journalistes (ou qui les emploieront un jour).

Les chroniqueurs évitent désormais de dire, comme ils le faisaient autrefois, que les cheminots *prennent les usagers en otage* les jours de grève. Ils disent à la place que les usagers doivent *prendre leur mal en patience*. Et que « 58 pour cent des Français interrogés trouvent qu'une grève serait injustifiée ». D'ailleurs, « sept sur dix approuvent l'abrogation du statut de cheminot » (selon un sondage de l'institut Machin pour les journaux Truc et Tartempion).

Même subtilité retorse six mois plus tard, avec la réforme des retraites. « Un euro cotisé se traduira par la même somme pour chaque retraité ». C'est le gouvernement qui l'affirme, notez bien, le journaliste ne fait que citer. La « même somme pour chaque retraité » baissera en fait pour tout le monde, étant calculée sur la totalité de la carrière, et non sur les 6 meilleurs mois pour les fonctionnaires, ou les 25 meilleures années pour les autres, comme c'est le cas actuellement. Mais elle baissera davantage pour les premiers que pour les seconds, grande victoire. *Justice* et *égalisation* deviennent dès lors les maitres-mots dans les médias – qui ne font toujours que citer, ça va sans dire. En n'oubliant pas cependant de souligner que le système actuel est un *mille-feuilles* de 43 régimes de retraite différents, avec lequel le gouvernement veut *en finir*.

On admirera au passage l'habileté de ces pâtissiers qui vous font un mille-feuilles avec 43 régimes. On notera également la nouvelle occurrence du fameux « en finir », sous-entendu « parce que ça n'a que trop duré ».

Bref, même dans les conditions les plus difficiles… un bon journaliste doit toujours pouvoir s'en sortir.

Sondages : l'art de poser les bonnes questions

« 69 % des Français souhaitent la fin du statut des cheminots ». Le message est passé en boucle sur tous les médias pendant toute la journée du 27 février 2018, reprenant les résultats d'un sondage de l'institut Odoxa-Dentsu consulting pour *L'Express* et France-Inter. Deux jours plus tard, le pourcentage montait même à 72 %, d'après un autre sondage du même institut, réalisé cette fois pour France Info et *Le Figaro*.

D'après *Libération*, le site d'Odoxa-Dentsu consulting a indiqué qu'en fait la question posée était la suivante : « Le gouvernement souhaite mettre fin au statut de « cheminot » qui offre aux salariés de la SNCF des avantages comme la garantie d'un emploi à vie, le départ à la retraite à 57 ans et la possibilité de voyager quasi gratuitement sur tout le réseau SNCF mais impose aussi des horaires contraignants ou des week-ends régulièrement travaillés. Vous personnellement êtes-vous favorable ou opposé à la disparition de ce statut particulier pour les nouveaux salariés de la SNCF ? »

Mais il s'agit là de la formulation du deuxième sondage. Celle du premier, deux jours plus tôt, était encore plus suggestive : « La grande majorité des salariés de la SNCF bénéficient du statut de cheminot, qui permet de garantir un emploi à vie, de partir à la retraite à 57 ans (52 ans pour les conducteurs de train) et de faire circuler quasi gratuitement sa famille sur le réseau SNCF. Pensez-vous plutôt : qu'il faut faire disparaître ce statut qui est un privilège qui n'a plus lieu d'être aujourd'hui ? Ou qu'il faut maintenir ce statut qui est la contrepartie d'un travail souvent pénible ? »

Comme aurait dit Pierre Desproges : C'est une très bonne question et je vous remercie de me l'avoir posée.

À qui appartiennent les médias ?

Bernard Arnault (LVMH) : *Le Parisien-Aujourd'hui en France*, *Les Échos*, Radio Classique.

Patrick Drahi (SFR) : *Libération*, *L'Express*, *L'Expansion* ; 49 % de BFM TV et de RMC.

François Pinault (Pinault-Printemps-Redoute) : *Le Point*.

Groupe Marcel Dassault : *Le Figaro*.

Vincent Bolloré (Vivendi) : Canal +, CNews, C8, CStar, *CNews Matin*

Martin Bouygues : TF1, LCI, TMC, NT1

Arnaud Lagardère : Europe1, RFM, Virgin Radio, Canal J, Gulli, *Paris Match*, *Le JDD*, *Elle*, *Télé7 Jours*, *France Dimanche*, *Ici Paris*.
N.B. : en avril 2018, ces médias ont été revendus à Czech Media Invest, à l'exception d'Europe1, *JDD* et *Paris Match*.

Xavier Niel (Free) et Matthieu Pigasse : *Le Monde*, *L'Obs*, *Télérama*.

Famille Mohn (groupe allemand Bertelsmann) : RTL, M6, Capital, RTL2, Fun Radio, W9, *Gala*, *Voici*, *Ça m'intéresse*, *Femme actuelle*.

Bernard Tapie : *La Provence*.

Les mots qui nous manipulent

Sous couvert de l'anonymat : expression soulignant les risques que prend l'interviewé ; permet de souligner par la même occasion les risques que prend l'intervieweur…

Emblématique : Au sens propre, emblème : figure symbolique accompagnée d'une devise. Au figuré, l'adjectif est champion toutes catégories des clichés journalistiques. Le dictionnaire des synonymes donne la liste suivante : *allégorique, symbolique, parabolique, allusif, fictif, fabuleux, métaphorique, mythique, typique, expressif, figuré, mystique, spirituel, caractéristique, révélateur, symptomatique.* On peut donc s'en servir comme joker et le caser à peu près n'importe où. Utilisation la plus fréquente : comme brosse à reluire pour le cirage de pompes. Exemple : « Carlos Ghosn, patron emblématique de Renault-Nissan » (avant son incarcération au Japon pour fraude fiscale).

Implosion : accident spécifique des lampes électriques et des anciens téléviseurs, où la pression à l'intérieur est très petite par rapport à la pression atmosphérique extérieure. Les différents éléments de ces appareils sont alors projetés vers le centre, et non vers l'extérieur comme c'est le cas dans une *explosion*. Parler d'implosion (par métaphore) pour un parti politique signifie donc exactement le contraire de ce que le journaliste veut décrire : que tous les responsables du parti se rapprochent brusquement les uns des autres, pour converger tous ensemble vers leur chef bien aimé…

Une œuvre intimiste : stéréotype pour qualifier une œuvre littéraire dont l'auteur prend son nombril pour le centre du monde.

Phénomène de société : sujet à la mode, ou dont on veut lancer la mode. Des tatouages au régime végan en passant par la trottinette électrique, etc.

Radicalisation : de n'importe qui, mais il n'y en a qu'une qui vaille la peine d'en parler.

Renouveau de la spiritualité : renouveau des pèlerinages à Lourdes pour commémorer l'apparition de la Vierge Marie à Bernadette Soubirous.

Manque de pédagogie : manque d'expérience dans l'art de faire passer les vessies pour des lanternes.

Prendre en otage : ancien cliché dont ont usé et abusé les journalistes (surtout ceux qui ne prennent jamais le métro ou le RER, sauf les jours de grève).

Prendre son mal en patience : ce que doivent faire les usagers des transports en commun les jours de grève, les automobilistes bloqués sur les routes les jours de neige, et les investisseurs dans l'attente des indicateurs macroéconomiques.

Égalisation : opération qui ne peut se faire que par le bas.

Justice : résultat d'une égalisation.

Sur le blog de l'automanipulé

Ils nous emmerdent avec leurs grèves. Chaque fois c'est la même chose. Les usagers devront prendre leur mal en patience, qu'ils disent sur les médias. Tu parles ! Pris en otages qu'ils sont, les usagers. Mais les journalistes n'osent même plus le dire. Les journalistes n'ont PLUS LE DROIT de le dire en fait. Ça prouve bien qu'on nous manipule.

Le statut des cheminots, ça fait longtemps qu'on aurait dû le supprimer. L'emploi à vie, la retraite à cinquante ans, le train gratuit pour toute la smala. Il n'y a que dans ce pays de merde que ça existe encore, des machins comme ça. Parce que personne n'a jamais eu le courage de s'y attaquer. Et qui paie pour ces privilégiés ? Le contribuable. C'est-à-dire vous et moi. Ils l'ont même dit à la télé.

Moi, vous allez dire, je prends la voiture pour aller au boulot. Mais nous aussi, les automobilistes, on est pris en otages, avec le carburant qui n'arrête pas d'augmenter. Et qu'est-ce qu'il en fait, le gouvernement, de cet argent en plus ? C'est pas compliqué : il paie les privilèges des cheminots. On n'est pas manipulés, à part ça ?

11. Comment les mots nous manipulent

Donc, « on » nous manipule, et ce « on » sournois se tapit partout : dans les médias, les forums d'Internet, les courriels, les messages WhatsApp, à la machine à café... et dans notre propre cerveau.

Ce sont les mots qui sont en première ligne dans cette manipulation. Mais comment s'y prennent-ils ?

Le plus souvent, en jouant sur leurs différents sens. Quand un mot a plusieurs sens, on peut cultiver l'ambiguïté entre eux, et c'est typiquement ce qu'on a fait avec le « libéralisme ». Mais ce n'est pas moins le cas pour l'expression « économie de marché », renvoyant de nos jours à la domination des *marchés financiers*, tout en évoquant dans notre esprit le marché où l'on va acheter ses choux-fleurs et ses poireaux. Ou pour les « syndicats réformistes », autrefois partisans de réformes améliorant la condition ouvrière, aujourd'hui acceptant les réformes qui la font reculer.

Autre exemple : le verbe « travailler ». Au sens propre, on travaille pour gagner sa vie. Au figuré, on fait « travailler » son argent, en le plaçant sur un compte rémunéré à 3,5 % par exemple. En réalité, ce compte répartit l'argent en actions de diverses sociétés et sert entre autres, en bout de chaine, à payer des salariés. C'est le travail de ces salariés qui produit le profit dont une partie est versée comme intérêt sur le compte rémunéré. Mais tout ce cycle est transparent pour le propriétaire du compte, aux yeux de qui son argent a simplement « produit » un intérêt de 3,5 %. L'expression « faire travailler son argent » ne fait que transposer cette illusion dans le domaine du langage. À force d'être répétée, elle contribue néanmoins à répandre dans toute la société la croyance superstitieuse dans la faculté qu'aurait l'argent de produire par lui-même de la valeur.

À l'opposé, on entend dire que « la sidérurgie faisait vivre ici des milliers de familles », alors que dans ce cas justement la sidérurgie faisait *travailler*, au sens propre, des milliers d'ouvriers, dont le *salaire* faisait vivre leurs familles. Et des raccourcis de ce genre, la langue de notre temps en est truffée, de « donner du travail » à « créer des emplois » ou « plan social ».

De la métaphore au cliché...

Nous nous sommes ainsi habitués à utiliser une foule de termes et d'expressions qui, dans leur sens actuel, sont des images littéraires – dont nous ne percevons plus l'origine ni le sens premier.

Il en va de la sorte de l'expression *se tirer une balle dans le pied.* « Le MEDEF vient de se tirer une balle dans le picd en œuvrant contre la taxe carbone », pouvait-on lire dans *Le Point* du 24 mars 2010. Le MEDEF aurait donc agi contre son propre intérêt, par manque de clairvoyance. Or, tel n'est nullement le sens de la métaphore à l'origine. Les soldats qui se tiraient une balle dans le pied pendant la guerre de 14 le faisaient délibérément et en toute connaissance de cause, pour être ramenés à l'arrière et échapper ainsi à l'enfer des tranchées. Une façon de sauver sa peau... à condition de ne pas se faire prendre en flagrant délit – car dans ce cas c'était directement le conseil de guerre et le peloton d'exécution.

De même, le mot *ringard*, un peu passé de mode aujourd'hui, désigne au sens propre un tisonnier, tige de métal servant à remuer les cendres dans la cheminée. Par métaphore, dans les années 1970, on en a fait le symbole des gens vieux jeu… qui se chauffent encore au bois.

Branché, on perçoit encore son origine quand on y réfléchit : la prise de courant bien sûr. Quand on est branché, le courant passe. Les ringards en sont restés au feu de bois, les branchés sont passés au tout électrique.

« Branché » aussi s'entend moins qu'il y a quelques années. Un qui semble inusable en revanche, c'est *galère*. On parlait autrefois d'une *vie de galérien*, mais « pour faire bref », et vu le peu de temps qui nous est imparti, la vie de galérien est devenue galère tout court. On a quelque excuse à ne plus en percevoir le sens premier : les galères romaines ne se rencontrent plus guère à présent (en dehors d'*Astérix et Obélix*).

Un nouveau venu enfin : *blindé*. On disait autrefois que le métro ou le bus est *bondé* aux heures de pointe. Maintenant, tout le monde dit qu'il est blindé, comme un char de l'armée. À l'origine, quelqu'un a sans doute fait un jeu de mots bondé-blindé, qui a plu, qui s'est propagé. Tellement propagé… qu'on ne sait même plus qu'il s'agit d'un jeu de mots (tout comme, pour « galère », on ne se rend plus compte que c'est une métaphore). On utilise le mot machinalement, on ne sait plus vraiment ce qu'il signifie. Il n'est pas dit qu'aujourd'hui tout le monde sache vraiment ce qu'est un véhicule blindé !

Et l'on pourrait poursuivre ainsi indéfiniment. Les « journées noires » de Bison futé sur les routes : une métaphore. Les « alertes rouges » de Météo France : une autre. Les « charges sociales » qui pèsent sur les entreprises : encore une métaphore. L'« exclusion » qui frappe les sans-emploi et les sans-abri : encore et toujours de la métaphore. Des images qui se transforment en clichés – et nous nous habituons ainsi à ne plus parler *que* par clichés.

Mais en vidant de son contenu notre langage de tous les jours, nous nous manipulons nous-mêmes à notre insu. N'accordant plus guère d'importance au sens des mots qui sortent de notre bouche, nous perdons notre discernement à l'égard de ceux qui entrent dans nos oreilles. Ce qui nous rend d'autant plus vulnérables lorsque ces mots sont faits pour nous bourrer le crâne.

... *et du mot creux à l'intox*

C'est typiquement le cas des mots creux dont la pub s'est fait une spécialité : avec

Carrefour je *positive* (et maintenant j'*optimisme*) ; chez Auchan, c'est *waaoh* d'être fidèle ; y'a que chez Flunch qu'on peut *fluncher* ; Sodebo, c'est so good ; Adidas, impossible is nothing – sans oublier l'inoubliable lessive qui lave plus blanc que blanc.

Les mots pour ne rien dire sont sans conteste une des grandes inventions de notre époque. Plus ils sont creux, mieux on les retient… et donc mieux ils nous manipulent. Les publicitaires l'ont compris depuis longtemps.

Mais la publicité n'a pas le monopole en matière de mots creux. Les médias aussi savent nous jeter de la poudre aux yeux, avec la *problématique*, le leader *charismatique*, le représentant *emblématique*, le *brief* et le *débrief*, le *phénomène de société*, les *fondamentaux économiques*, n'en jetez plus ! Problématique, déjà, ça vous en bouche un coin ; charismatique, encore plus fort – ce doit être quelqu'un, ce leader-là ! Emblématique non plus, ce n'est pas à la portée du premier venu ; et le brief et le débrief, avec ça vous voilà habillé pour l'hiver. On s'accoutume à ce flou artistique, à ces termes dont on ne saisit que vaguement le sens et qui vous placent de ce fait dans la position du néophyte par rapport aux initiés.

Ces mots qui nous manipulent

Cette mise en condition est poussée à son comble lorsqu'on en vient au jargon économique, avec ses « décideurs », ses « investisseurs », ses « opérateurs », ses « analystes », ses « experts » et leurs prétendues « équations ». Ces gens-là s'y connaissent quand même plus que vous et moi, on peut donc les croire quand ils disent qu'il faut reculer l'âge de la retraite, diminuer les coûts salariaux et réduire les charges des entreprises. Et ils ne disent rien d'autre, du reste, même si c'est en termes plus distingués.

Ah si, ils disent aussi que leur système économique ne fait que reproduire les fameuses « lois de la nature ». Mais ces lois de la nature ne sont elles-mêmes rien d'autre qu'une de ces métaphores devenues clichés. C'est la société qui a des lois au sens propre, pas la nature. Par analogie, au XVII° siècle, les propriétés physiques ou chimiques découvertes par les savants furent à leur tour baptisées « lois » (loi de la chute des corps, loi de Boyle-Mariotte, etc.). Au XIX° siècle, ce fut le tour des « lois » de l'évolution des êtres vivants (lois de Mendel sur la transmission des caractères, sélection naturelle de Darwin, etc.).

Dans ces différents domaines, on comparait donc la nature à une société – mais une société qui aurait ses *propres* lois. Exactement le contraire des prétendues lois de la nature dont on nous rebat les oreilles aujourd'hui (le règne du chacun pour soi, la survie du plus apte), qui ne sont que les tares de la société actuelle plaquées artificiellement sur un monde naturel… dont on ignore tout.

Concours du cliché journalistique le plus ressassé

Le représentant emblématique
Le leader charismatique
La communauté internationale
Un phénomène de société
La prise de conscience
Le pays des droits de l'Homme
La plus belle avenue du monde
La première dame de France
Caracoler en tête des sondages
Se prêter au jeu des questions-réponses
Se tirer une balle dans le pied
Au bord de l'implosion
La direction de l'entreprise n'a pas souhaité communiquer
Les deux partis se renvoient la balle
La police a procédé à un vaste coup de filet
Les auteurs sont activement recherchés
Les enquêteurs n'écartent aucune hypothèse

L'inculpé clame son innocence
Une information à prendre au conditionnel
Une information qui a couru sur les réseaux
sociaux
Les plus démunis
Les organisations caritatives
Les syndicats réformistes
Un film culte
Un petit livre iconoclaste
Un ton jubilatoire

Les mots qui nous manipulent

Faites travailler votre argent : croyance dans la vertu miraculeuse qu'aurait l'argent de créer par lui-même de la richesse (pendant que les travailleurs, eux, « coûtent » à leur entreprise).

Faire vivre toute une région : faire cracher du profit aux salariés de ladite région.

Plan social : charrette de licenciements, mais « sociale », pour les heureux veinards qui vont bénéficier d'indemnités et de « mesures d'accompagnement ».

Agents économiques : dans les écoles de commerce, cette expression désigne : 1. les entreprises, 2. les ménages, 3. l'État, 4. le RDM (Reste du Monde, grâce auquel on est sûr de n'avoir oublié personne). Les salariés n'existent pas, la catégorie « entreprises » se suffisant apparemment à elle-même. Dans les chroniques économiques des médias, foin de tout cela, les agents économiques sont les investisseurs, les opérateurs, les chefs d'entreprise. Rien à voir avec la définition précédente… si ce n'est que là aussi les salariés comptent pour du beurre.

Décideurs : personnes importantes devant lesquelles je m'incline respectueusement.

Positiver : aller remplir son caddie chez Carrefour, action qui me transporte de joie et d'allégresse.

Sur le blog de l'automanipulé

Hier, c'était journée sans voiture sur Paris, c'était pas cool. Le métro était blindé, je vous raconte pas la galère.

Oui je sais, blindé, c'est pas le vrai mot, la prof de français nous a assez bassinés là-dessus, dans le temps. Galère non plus d'ailleurs, c'est pas le vrai mot. Et alors ? Qu'est-ce que j'en ai à cirer ? Je parle comme j'ai envie de parler. Je ne suis pas un intello, moi. Se prendre la tête, c'est pas mon truc.

Mes parents, ils disent que je suis encore un ado à vingt-cinq piges. Ça se peut, mais j'assume. Si j'ai pas envie d'être adulte, c'est mon problème. Il parait que c'est un phénomène de société, les gens qui ne veulent pas être adultes. Mais désolé, moi je ne suis pas un phénomène de société. J'ai envie d'être moi-même, c'est tout.

12. Lexique du parfait manipulateur

À l'heure de la mondialisation : précède ou suit un avantage que l'on ne peut plus se permettre. Remplace l'ancienne formule « à votre âge, est-ce bien raisonnable ? ».

Absentéisme : comportement irresponsable de simples salariés qui se prennent pour des députés.

Abus de biens sociaux : Ça n'est vraiment pas bien d'abuser, qu'on ne vous y reprenne pas !

Action humanitaire : creuser un puits ou soigner des enfants dans un village africain, action qui montre à l'opinion que ce n'est pas pour protéger les intérêts de Bouygues et de Bolloré que la France maintient des troupes en Afrique.

Agents économiques, acteurs de l'économie : chefs d'entreprises ou PDG de grands groupes. (L'action des autres sur l'économie peut être considérée comme négligeable.)

Aide au développement : aide qui fait que les migrants n'ont pas besoin de venir chez nous, il faut simplement qu'ils aient un peu de patience.

Analystes : experts qui constatent la nervosité des marchés et la prudence des investisseurs dans l'attente de la publication d'indicateurs macroéconomiques.
N.B. : les analystes s'attendent généralement à une remontée des taux d'intérêt et à un tassement de l'activité économique.

Antisémite : qui n'aime pas les peuples sémites (Arabes, Araméens, Assyriens, Babyloniens, Hébreux, Phéniciens).
N.B. : éviter toutefois d'utiliser ce terme dans ce sens, même si c'est le sens exact.

Archaïsmes : tout ce qui date de 1936 et 1968. Plus les 35 heures qui datent de l'an

2000. On n'a pas signalé de nouveaux archaïsmes depuis.

Assistanat : condition de ceux qui prospèrent à coups de subventions, de cadeaux fiscaux, d'allègements des cotisations sociales et de commandes de l'Etat.

N.B. : ce terme peut aussi décrire l'état de dépendance dans lequel sont tombés les directeurs depuis que leurs secrétaires sont devenues des *assistantes de direction*.

N.B. : il peut aussi s'appliquer à ceux qui vont voir l'assistante sociale. Finalement, il vaut mieux s'en tenir à ce sens-là.

Bénéficiaire du RSA : Individu percevant le Revenu de solidarité active.

N.B. : éviter l'expression « bénéficiaire de dividendes » pour désigner un actionnaire.

C'est mathématique : remplace l'ancienne formule « c'est la volonté de Dieu », abandonnée suite aux récentes découvertes scientifiques.

N.B. : pour ne pas donner l'impression de se répéter, on remplacera ici ou là « c'est mathématique » par « voilà l'équation ».

Caracoler en tête des sondages : se dit d'un candidat sympathique et qui a l'air bien parti pour remporter le prochain scrutin. Mais rien ne vous oblige à voter pour lui, que cela soit clair !
N.B. : pour un candidat moins sympathique, on indiquera que « certains sondages le placent actuellement en tête ».

Carcan administratif : instrument de torture inventé par le Grand Méchant État pour persécuter les employeurs et les empêcher de faire leur métier comme ils savent le faire.

Charges sociales : charges dont on ne soulignera jamais assez à quel point elles écrasent les entreprises.

Chers collaborateurs : chères variables d'ajustement.

Classe moyenne : classe qui va de ma femme de ménage à mon avocat. Mais en se tassant un peu, on peut y faire entrer encore des gens des deux côtés.

Classe moyenne supérieure : attention à ne pas abuser de cette expression, dans laquelle nos auditeurs risquent de ne pas se reconnaitre.

Classe politique : classe qui ne pense qu'à ses intérêts à elle, contrairement à mon patron qui est si bon pour moi.

Cœur de métier : ce sur quoi l'entreprise doit se recentrer. (Discours à servir à son personnel à la veille d'une charrette de licenciements.)

Commerce équitable : commerce dans lequel les intermédiaires ne font qu'un profit équitable.

Communautarisme : repli identitaire d'une minorité qui refuse de s'intégrer au reste de la population. ~~Exemple : communautarisme des habitants de Neuilly sur Seine, qui refusent catégoriquement et systématiquement toute construction de logements sociaux dans leur ville.~~

Communauté internationale : appellation politiquement correcte de ce qu'on nommait autrefois la diplomatie occidentale. Cette ancienne dénomination n'a plus cours depuis qu'on a éliminé Kadhafi et Saddam Hussein, et que l'ordre et la paix sont revenus en Lybie et en Irak.

Compétitivité : ce qui fait cruellement défaut à nos entreprises, à cause des 35 heures, des coûts salariaux et des charges sociales.

Conservatisme : état d'esprit de la classe ouvrière, qui n'a toujours pas compris qu'elle n'existait plus.

Consommateur : doit faire un effort pour aider la croissance à redémarrer. Mais en tant que salarié, doit faire un effort pour aider son employeur à réduire les coûts salariaux.

Constructif : politicien qui sait retrousser ses manches tout en retournant sa veste.

Contexte international : contexte qui permet d'expliquer la baisse des cours de la Bourse, la reprise des importations, le recul des exportations, la nervosité des marchés, la hausse de l'euro par rapport au dollar, la hausse du dollar par rapport à l'euro, la prudence des investisseurs, la méfiance des opérateurs, la perplexité des analystes et la nécessité de réduire les coûts salariaux.

Contrôle des chômeurs : contrôle exercé pour le bien des chômeurs eux-mêmes, pour leur éviter de tomber dans l'assistanat, de s'habituer à gagner de l'argent sans rien faire. Pour gagner de l'argent, il faut travailler, la règle est la même pour tous.
Ou alors avoir déjà beaucoup d'argent et le placer à la Bourse. Mais c'est l'un ou l'autre, il faut choisir.

Cote de popularité : indice traduisant l'amour des citoyens envers leurs élus.
N.B. : on s'abstiendra de publier les cotes de popularité des patrons parmi leurs ouvriers.

Coûts salariaux : ce que les salariés coûtent à leur entreprise rien qu'en salaire.
N.B. : il n'est pas utile de parler des *coûts patronaux* (dividendes versés aux actionnaires, stock-options distribuées gratuitement, voitures de fonction, billets d'avion en classe affaire, etc.), qui ne posent pas de problème et ne nuisent en rien à la compétitivité de l'entreprise.

Création d'emplois : création de statistiques sur l'emploi.

Croissance : on ne sait pas vraiment ce qu'elle représente. Tout ce qu'on sait, c'est qu'elle est insuffisante pour permettre une reprise de l'embauche.

Décideurs : ceux qui décident quels emplois doivent être supprimés et quelles usines doivent fermer. Mais on peut les présenter de façon plus positive.

Délit d'initié : le mode normal de fonctionnement du capitalisme. Mais il ne faut quand même pas que ça se voie trop, parce qu'alors ça devient un délit.

Démocratie : droit de choisir entre Donald Trump et Hilary Clinton (mais dans les entreprises de Trump, c'est lui qui reste le patron dans tous les cas).

Des conditions souvent difficiles : les conditions dans lesquelles les journalistes ne font que leur métier.
N.B. : alors que les autres qui font leur métier, c'est juste pour rigoler.

Développer des synergies : supprimer des postes, mais en termes scientifiquement exacts.

DirCom : ministère de la propagande dans les grandes entreprises.

Données macroéconomiques : données à ne pas confondre avec les politiciens macro-compatibles.

Droite décomplexée : droite qui, en sortant de la quinzième séance chez le psy, assume de dire ouvertement qu'il y a trop de bougnoules et trop de pédés dans ce pays.

Droits de l'enfant : droit d'un nouvel être humain d'en faire baver à ses parents.

Économie de marché : économie dans laquelle Auchan et Carrefour se partagent le marché. Mais on n'est pas obligé de préciser à chaque fois, nos auditeurs risqueraient de se lasser.

Élites : « les meilleurs ». Dans l'Ancien régime, c'étaient les *aristos*, ce qui veut dire la même chose en grec. Forcément que ce sont les meilleurs, sinon ils ne seraient pas là où ils sont.

Emblématique : personne ne sait ce que ça veut dire, mais ça n'en a que plus d'effet sur les ballots qui nous écoutent.

Emplois non pourvus : une honte, quand on pense à tous ces chômeurs qui sont payés à ne rien faire.
N.B. : ce n'est pas une raison pour que mon fils accepte un de ces boulots, après tout ce que j'ai dépensé pour lui payer ses études.

Employeurs : citoyens vertueux qui n'ont qu'un but dans la vie : fournir un emploi à leurs semblables. Et ce, malgré les coûts salariaux et les charges sociales.

Entrepreneurs : citoyens vertueux qui n'ont qu'un but dans la vie : faire vivre leur entreprise. Jusqu'à ce qu'elle soit rachetée par une multinationale.

Esprit d'entreprise : état d'esprit de ceux qui n'ont qu'un but dans la vie : faire vivre leur entreprise. Jusqu'à ce qu'elle soit rachetée par une multinationale.

État de droit : État qui montre qu'on n'est pas des sauvages, contrairement à certains.

État-providence : État qui multiplie les subventions, les dégrèvements fiscaux et les allègements de charges sociales.
N.B. : on ne peut pas être la providence pour tout le monde, il y a des choix qu'on est bien obligé de faire.

Exclusion : très bon sujet de reportage ou d'émission spéciale.

Externalisations : elles permettront à notre entreprise de se recentrer sur son cœur de métier (voir plus haut).

Extrémismes : à utiliser toujours au pluriel. Parce que les extrêmes se rejoignent, et que l'amalgame entre le NPA et le Rassemblement National ne peut faire de mal à personne.

Faites travailler votre argent : avec ses petits bras musclés, il crée de la richesse. Si cette vérité vous échappe, c'est que vous ne comprenez rien à l'économie.

Fake news : fausses nouvelles circulant sur Internet. Alors que les journalistes des médias traditionnels ne font que leur métier, dans des conditions souvent difficiles.

Fief électoral : survivance du droit féodal dans la France du XXI° siècle. Circonscription que le député vassal, agenouillé devant son suzerain, reçoit en échange d'un serment d'allégeance.

N.B. : cette coutume est antérieure à 1936, elle n'est donc pas considérée comme un archaïsme.

Flexisécurité : mélange de flexibilité du travail et de sécurité de l'emploi. Fonctionne selon le principe du pâté d'alouette, mélange d'un cheval et d'une alouette.

N.B. : pour ceux qui n'ont jamais vu une alouette, merci de consulter *Wikipédia*.

N.B. : on suppose que tout le monde a déjà vu un cheval.

Fonctions régaliennes de l'État : tout ce qui permet à l'État de matraquer des manifestants, de mettre des gens en prison et de protéger militairement les intérêts des groupes industriels français en Afrique. Les autres fonctions de l'État ne sont pas vraiment indispensables (surtout si elles doivent se traduire par des impôts pour les entreprises).

Fondamentaux économiques : fondamentaux qui restent fondamentalement bons, malgré le repli momentané des places boursières.

Gagnant-gagnant : plan de licenciement remplacé par un plan social, lui-même remplacé par une rupture collective à l'amiable. C'est tout bénef pour vous au bout du compte, non ?

Grogne sociale : mouvement de mauvaise humeur dans lequel le bas peuple s'exprime par le groin. Les journalistes qui ont cru observer ce phénomène ne l'ont pas noté dans d'autres couches de la population, raison pour laquelle les médias ne parlent jamais de *grogne patronale, grogne des employeurs, grogne des chefs d'entreprise*.

Huiles essentielles : peuvent remplacer (en fonction du contexte) le bifidus actif, la jouvence de l'abbé Soury, la panacée universelle ou la poudre de perlimpinpin.

Iconoclaste : d'une audace incroyable, et pourtant le journaliste qui le dit est lui-même un rebelle (qui cache bien son jeu).

Idéologique : qui s'oppose à l'idéologie du MEDEF.
N.B. : en fait, le MEDEF ne fait pas d'idéologie. Il nous rappelle seulement aux *réalités économiques*.

Immobilisme : refus obstiné d'accepter les changements rendus nécessaires par l'évolution technologique. Exemple : immobilisme du patronat sur la question du partage du travail entre tous. Mais c'est un mauvais exemple, il y en a de plus pertinents.

Implosion : explosion qui s'est trompée de sens (à moins que ce ne soit le journaliste).

Indicateurs macroéconomiques : indicateurs dans l'attente desquels les investisseurs restent prudents.
N.B. : et vous feriez la même chose à leur place.

Investissements : placements financiers, pour l'objet desquels on n'a que l'embarras du choix : fonds de pension, produits dérivés, dette des États, monnaies virtuelles. On peut aussi se contenter d'actions de sociétés cotées en Bourse. Et si on est le patron d'une de ces sociétés, on peut même à l'occasion acheter des machines ou embaucher des salariés – mais ce n'est qu'une possibilité parmi d'autres, dont il ne faut pas abuser. D'ailleurs, personne n'en abuse.

Investisseurs : personnes pleines de bonne volonté qui ne demandent qu'à investir, comme leur nom l'indique. Mais avec tous ces coûts salariaux et ces charges sociales, on n'arrête pas de les décourager !

Le consommateur : c'est-à-dire vous et moi.

Le contribuable : c'est-à-dire vous et moi.

Le salarié : c'est-à-dire ni vous, ni moi.

Les Bourses mondiales : les Bourses du monde entier, mais on m'a demandé de faire bref.

Les plus démunis : il y en a de plus malheureux que vous, arrêtez de vous plaindre !

Les professionnels : les chefs d'entreprise. N.B. : les non-professionnels savent ce qui leur reste à faire.

Libre-échange : type d'échange qui existe aujourd'hui entre Auchan et ses fournisseurs.

Lois de la nature : lois de l'économie capitaliste à l'état pur, dont la nature s'est largement inspirée. Ce qui explique que dans la nature il n'y ait pas de limite à la durée du travail, pas de salaire minimum, pas de carcan administratif, pas de syndicats et pas de grèves. Que du bonheur.

Macro-compatible : nouvelle norme technique basée sur le principe de l'obsolescence programmée.

Marche de manœuvre : *marge* de manœuvre chez un journaliste qui a un défaut de prononciation.

Médecins de Molière : ancienne appellation des experts.

Mille-feuilles administratif : étouffe-chrétien contre lequel le patronat veut partir en croisade.

Monde de l'entreprise : tout ce qui fait une entreprise : les actionnaires, le PDG, le DRH, la DirCom, les charges sociales, le carcan administratif.

N.B. : si vous constatez un oubli dans cette liste, merci de nous le signaler.

Modernisation : retour aux bonnes vieilles méthodes du XIX° siècle. Parce qu'on ne gère pas une entreprise aujourd'hui comme on la gérait hier.

Moteur de la consommation : moteur alimenté par les coûts salariaux (ce qui explique ses nombreux ratés).

Mouvement associatif : mouvement pour lequel on aura toujours un mot sympathique, à condition qu'il sache rester à sa place.

Nous allons de plus en plus vers une société à deux vitesses : alors que la société capitaliste était égalitaire au départ.

Opérateurs : interviennent sur les places financières pour le compte des investisseurs, avec lesquels il ne faut toutefois pas les confondre. Les uns opèrent, alors que les autres investissent, ce qui permet de les distinguer. Il y a aussi les analystes, qui analysent, et qui sont encore une troisième catégorie. Une fois qu'on a appris à les reconnaitre, on peut suivre les cours de la Bourse sur France Info.

Opinion publique : opinion qui a besoin d'être constamment informée sur ce qu'elle en pense.

Optimisation fiscale : pour un couple de salariés, baisse simultanée des deux salaires permettant de passer dans la tranche non imposable.

Organisations caritatives : nouvelle dénomination des œuvres de charité, ça fait plus discret. Parce que les pauvres sont devenus susceptibles, en plus d'être pauvres.

Parler vrai : dire à tous ceux qui ne sont pas premiers de cordée qu'ils ne sont rien.

Partenaires sociaux : patrons et salariés, qui peuvent enfin s'aimer sans se cacher depuis la fin de la lutte des classes.

Petits candidats : candidats qui ont bien sûr le droit d'avoir leurs idées, mais dont les électeurs doivent avant tout savoir qu'ils sont petits.

Phénomène de société : phénomène typique de la société d'aujourd'hui. Exemple : les surdoués.

N.B. : en fait, ce sont les *parents* de surdoués qui se rencontrent à tous les coins de rue, mais les journalistes ne peuvent pas être tenus pour responsables de cette confusion, n'oublions pas qu'eux-mêmes ne sont pas des surdoués et qu'ils travaillent dans des conditions souvent difficiles.

Phobie administrative : peur maladive du Grand Méchant État. Se soigne aujourd'hui très bien grâce à l'optimisation fiscale.

Plan de départs volontaires : plan de harcèlement moral pour aider les volontaires à se dénoncer.

Plan social : plan parallèle au plan de licenciement.

N.B. : on rappelle que deux plans parallèles peuvent être confondus.

Pôle Emploi : site de rencontres pour partenaires sociaux. L'équivalent de Meetic.fr, en moins efficace.

Politique politicienne : politique qui laisse les milieux patronaux complètement indifférents.

Populismes : au pluriel de préférence, pour souligner que ça prolifère aujourd'hui, et que le peuple commence vraiment à nous emmerder.

Positiver : ne pas en faire tout un drame le jour où l'on vous annonce que vous êtes viré, que votre femme vous quitte et que vous avez un cancer à l'estomac.

Pour faire simple : parce que vous êtes trop con pour qu'on vous l'explique plus en détail.

Pragmatisme : art de profiter du bon moment pour faire passer un mauvais coup.

Prendre son mal en patience : version politiquement correcte de l'ancienne rengaine « les usagers pris en otage ».

Pression fiscale : le coup de grâce, après les coûts salariaux et les charges sociales. La vie des chefs d'entreprise n'est qu'un cauchemar. On comprend que beaucoup préfèrent finalement la tranquillité d'une vie de salarié.

Prise de bénéfices : baisse des cours de la Bourse présentée de façon optimiste. D'autant qu'il y aura d'autres bénéfices, pas de souci à se faire.

Prise de conscience : annonce ou suit un nécessaire changement de nos habitudes.
N.B. : au niveau des industriels, la prise de conscience a déjà eu lieu.

Privilèges : avantages réservés à une petite minorité, alors que le reste de la population en est exclu. Exemple : les employés d'EDF ont droit à l'électricité gratuite, alors que Bernard Arnault doit payer la sienne comme tout le monde.

Productivité, compétitivité, rentabilité : nouvelle devise de la République française, en remplacement de l'ancienne devise qui a fait son temps.

Radicalisation : attitude de plus en plus hargneuse des milieux patronaux envers le monde du travail.
N.B. : Sujet à éviter impérativement.

Rebondir : Dans un débat politique (« je me permets de rebondir ») : reprendre la parole, alors que tout le monde espérait qu'il en avait fini.

Dans votre vie personnelle (« il faut savoir rebondir ») : retrouver une pêche d'enfer, en vous disant que vous aviez un boulot de merde avant d'être viré, que vous ne pouviez plus supporter votre femme, et que le traitement de votre cancer sera finalement pris en charge par votre mutuelle.

Réhabiliter le travail : réhabiliter les heures supplémentaires.

Renouveau de la spiritualité : à ne pas confondre avec le renouveau de l'islamisme, ça n'a rien à voir.

Repli des places financières : communiqué militaire annonçant un simple repli tactique (en priant pour que ce ne soit pas le début de la Bérézina).

Responsabiliser : faire comprendre à des salariés que leurs revendications ne sont pas raisonnables.
N.B. : on a déjà tenté de responsabiliser des actionnaires, mais sans succès.

N.B. : on peut aussi essayer de responsabiliser des enfants, mais attention à bien respecter leurs droits !

Restructuration : changement d'organisation visant à accroitre l'efficacité. Exemple : les moteurs seront désormais produits en Espagne, les boites de vitesse en Roumanie, la carrosserie au Bengladesh, et les essuie-glaces en Normandie où il pleut beaucoup.

Retournement de la conjoncture : formule rituelle à caser dans une chronique économique quand la panique commence à gagner les marchés financiers. (On a beau être un expert, on ne peut rien contre la conjoncture.)

Rigidités : elles sont la plaie du monde du travail en France. Contrairement au monde politique, où l'on sait retourner sa veste tout en restant droit dans ses bottes.

Rupture conventionnelle à l'amiable : la fin d'une histoire d'amour entre deux partenaires sociaux. Voir aussi : « Rupture *collective* à l'amiable », mais là c'est carrément la fin d'une partouze.

Sans OGM : qui ne contient pas d'organisme génétiquement modifié. Exemple : amanite phalloïde sans OGM.

Société civile : société constituée de PDG, d'avocats d'affaires, de promoteurs immobiliers, de membres du Rotary club à jour de leur cotisation et d'autres gens comme vous et moi.

Sous couvert de l'anonymat : ce qui n'empêche pas l'information d'être parfaitement fiable, contrairement aux fake news qui circulent sur Internet.

Syndicats réformistes : les bons, ceux qui acceptent les réformes dictées par le MEDEF.

Talents : personnes possédant des dons exceptionnels et qu'il faut tout faire pour garder en France. Exemple : écologiste sachant distinguer un épi de maïs transgénique d'un épi de maïs sans OGM.

Tensions inflationnistes : tensions qui reviennent chaque fois qu'on abuse du plein emploi. Heureusement que ce n'est pas tous les jours.

Totalitarismes : régimes dans lesquels les journalistes doivent faire leur métier dans des conditions particulièrement difficiles.

Tout un peuple : manifestation typique de la pensée unique. C'est tout un peuple qui est Charlie au soir de ces attentats, tout un peuple qui est en deuil après la mort de Johnny, tout un peuple qui est en liesse après la Coupe du monde gagnée par nos footballeurs. (Attention à ne pas intervertir malencontreusement deux de ces événements.)

Vivre au-dessus de ses moyens : s'acheter un croissant, alors qu'une demi-baguette coûte moins cher et cale bien mieux l'estomac.

Voilà l'équation : expression à prendre au second degré.

Zone de non-droit : zone où la police n'ose plus mettre les pieds. Mais où les journalistes parviennent malgré tout à faire leur métier, dans des conditions, etc.

Et pour les adeptes de l'automanipulation :

Ce pays de merde : ce pays dont les contribuables ont payé mes études.

Être moi-même : ma façon à moi de ressembler à tout le monde.

Ils l'ont même dit à la télé : ça prouve bien.

Individualisme : la mentalité de ceux qui ne pensent pas à moi.

Initiative individuelle : le genre d'initiative que je prends à la pause-café.

Intello : attardé qui lit ce livre au lieu de venir sur mon blog.

J'ai rendez-vous avec mon banquier : j'ai rendez-vous avec le stagiaire de la semaine dernière, qui ne connait pas la différence entre une assurance-vie et un plan d'épargne logement.

J'ai un plan d'enfer : j'ai une idée.

J'hallucine : je n'en crois pas mes oreilles.

J'te raconte pas : j'te raconte.

Je suis Charlie : en fait, pas du tout, d'ailleurs, je n'ai jamais lu ce journal. Mais j'aime beaucoup ce qu'il y a dedans.

Les States : ce grand pays où tout le monde prie après chaque massacre à l'arme automatique.

Mon blog : là où je note toutes mes pensées originales (ça serait dommage de les garder pour moi tout seul).

On nous manipule : alors que je suis assez grand pour y arriver tout seul.

Réseaux sociaux : réseaux qui prouvent que je n'ai pas besoin de connaître mes voisins de palier pour avoir une vie sociale.

Amies lectrices, amis lecteurs

Ce livre n'est pas distribué sur les circuits classiques ; on ne peut se le procurer que sur les sites Internet comme Amazon.fr, Fnac.com, Chapitre.com, ou sur mon site https://www.mwolf-sciences.fr.
Le bouche-à-oreille étant la seule forme de publicité accessible à cet ouvrage, je compte sur vous pour transmettre au reste du monde tout le mal que vous en pensez. Parlez-en à vos amis, vos voisins, vos collègues de travail, vos belles-mères…

Marco Wolf